Timmerbeil/Reinhard
Grundriss des Konzern- und Umwandlungsrechts

Sven Timmerbeil/Jakob Reinhard

Grundriss des Konzern- und Umwandlungsrechts

Dr. iur. Sven Timmerbeil, LL.M. (Georgetown) ist Rechtsanwalt, Fachanwalt für Steuerrecht sowie Attorney at Law (New York). Er berät Unternehmen zu allen Fragen des Gesellschafts- und Konzernrechts. Der Autor ist durch zahlreiche wirtschaftsrechtliche Veröffentlichungen in Erscheinung getreten, insbesondere auf dem Gebiet des Gesellschaftsrechts.

Dr. iur. Jakob Reinhard, LL.M. (Emory) ist Rechtsanwalt und Syndikus in Mannheim bei einem international tätigen Industrieunternehmen mit Beratungsschwerpunkt im internationalen Wirtschafts- und Gesellschaftsrecht. Der Autor ist durch zahlreiche Veröffentlichungen in Erscheinung getreten.

Bibliografische Information der Deutschen Nationalbibliothek

Die Deutsche Nationalbibliothek verzeichnet diese Publikation in der Deutschen Nationalbibliografie; detaillierte bibliografische Daten sind im Internet über <http://dnb.d-nb.de> abrufbar.

Bei der Herstellung des Werkes haben wir uns zukunftsbewusst für umweltverträgliche und wiederverwertbare Materialien entschieden. Der Inhalt ist auf elementar chlorfreies Papier gedruckt.

ISBN 978-3-8114-9688-0

E-Mail: kundenbetreuung@hjr-verlag.de
Telefon: +49 89/2183-7928
Telefax: +49 89/2183-7620

© 2012 C.F. Müller, eine Marke der Verlagsgruppe Hüthig Jehle Rehm GmbH
Heidelberg, München, Landsberg, Frechen, Hamburg
www.cfmueller-campus.de
www.hjr-verlag.de

Dieses Werk, einschließlich aller seiner Teile, ist urheberrechtlich geschützt. Jede Verwertung außerhalb der engen Grenzen des Urheberrechtsgesetzes ist ohne Zustimmung des Verlages unzulässig und strafbar. Dies gilt insbesondere für Vervielfältigungen, Übersetzungen, Mikroverfilmungen und die Einspeicherung und Verarbeitung in elektronischen Systemen.

Satz: Gottemeyer, Rot
Druck: Beltz Druckpartner, Hemsbach

Vorwort

Sowohl das Konzernrecht als auch das Umwandlungsrecht fristen in der juristischen Ausbildung oftmals ein Nischendasein. Meist erfolgt eine Auseinandersetzung mit diesen beiden Bereichen nur im Schwerpunktbereich Wirtschafts- bzw. Gesellschaftsrecht. Viele Studenten setzen daher diesbezüglich „auf Lücke" und konzentrieren sich auf prüfungsrelevanteren Stoff. Das wird der großen praktischen Bedeutung des Konzern- und Umwandlungsrechts nicht gerecht.

Das vorliegende Buch richtet sich in erster Linie an Studierende an Universitäten und Fachhochschulen der rechtswissenschaftlichen und betriebswirtschaftlichen Fachbereiche und ermöglicht diesen einen Einstieg in die Materien des Konzernrechts und des Umwandlungsrechts. Die knappe und konzentrierte Form der Darstellung wurde bewusst gewählt, um einerseits die wesentlichen Grundlagen und Kernthemen darzustellen, andererseits aber auch den Einstieg in diese Materien attraktiver und einfacher für den Studierenden zu gestalten. Wer in einzelne Themenkreise vertieft durchdringen möchte, wird in Monographien, großen Lehrbüchern und Kommentaren weiterführendes Material finden. Die einzelnen Kapitel enthalten entsprechende Verweise.

Da auch die Vertragsgestaltung in der juristischen Ausbildung eine immer wichtigere Rolle spielt, enthält das Buch auch einzelne Vertragsbeispiele sowohl aus dem Konzernrecht als auch aus dem Umwandlungsrecht. Ferner wurden überblicksartig Rechtsgebiete mit aufgenommen, die mit dem Konzern- bzw. Umwandlungsrecht eng verknüpft sind und zum besseren Verständnis beider Materien beitragen sollen, wie etwa das Steuerrecht.

Für die tatkräftige Unterstützung bei der Betreuung des Manuskripts danken wir Herrn Rechtsanwalt *Demid Spachmüller* sowie Herrn stud. iur. *Max Blome* recht herzlich.

Offenburg und Mannheim, im August 2012

Sven Timmerbeil
Jakob Reinhard

Inhaltsverzeichnis

Vorwort V

1. Teil
Konzernrecht

Kapitel 1: Einführung 1
1. Der Konzern als Regelungsgegenstand des Rechts 1
2. Unternehmenskonzentration 2
   2.1 Ursachen 2
   2.2 Gefahren durch eine Konzernierung 3

Kapitel 2: Allgemeines Konzernrecht 4
1. Gesetzliche Regelung des Konzernrechts 4
2. Zweck des Konzernrechts 4
3. Konzernarten 5
   3.1 Faktische und Vertragskonzerne 5
   3.2 Gleichordnungs- und Unterordnungskonzerne 5
4. Begriff des Konzerns 6
   4.1 Unternehmen im Sinne des Konzernrechts 6
       4.1.1 Zweckorientierter Unternehmensbegriff 6
       4.1.2 Die maßgebliche anderweitige Beteiligung als einschränkendes Kriterium 6
       4.1.3 Unternehmenseigenschaft einer Holdinggesellschaft 7
       4.1.4 Stimmrechtskonsortien und Familiengesellschaften 7
       4.1.5 Öffentliche Hand 7
   4.2 Abhängigkeit im Sinne von § 17 AktG 7
       4.2.1 Gesetzliche Vermutung bei Mehrheitsbeteiligung (§ 17 Abs. 2 AktG) 8
       4.2.2 Gesellschaftsrechtliche Begründung der Abhängigkeit 8
       4.2.3 Personengesellschaften 9
       4.2.4 Gemeinschaftsunternehmen 9
       4.2.5 Vermutung der Abhängigkeit 9
   4.3 Einheitliche Leitung 10
       4.3.1 Der enge Konzernbegriff 10
       4.3.2 Der weite Konzernbegriff 10
       4.3.3 Rechtsprechung und praktische Relevanz des Meinungsstreits 10
       4.3.4 Formen der Leitungsmacht 10
5. Wechselseitige Beteiligungen 10
   5.1 Voraussetzungen 11
   5.2 Zweck der Sonderregelung 11
   5.3 Rechtsfolgen 11

6. Konzernrechtliche Mitteilungspflichten 11
   6.1 Zweck der Mitteilungspflichten 11
   6.2 Anforderungen an die Mitteilung 12
   6.3 Sonderregelungen für börsennotierte Gesellschaften................. 12
   6.4 Privataktionäre 12
7. Europäisches Konzernrecht 12
   7.1 Stand des europäischen Konzernrechts............................... 12
   7.2 Societas Europaea im Überblick 13
   7.3 Anwendbarkeit des deutschen Konzernrechts auf die
       Societas Europaea 14
   7.4 Ausländische Rechtsformen 14
8. Lernkontrolle 15

Kapitel 3: Beherrschungsvertrag 16
1. Begriff und gesetzliche Regelung 16
2. Voraussetzungen.. 16
   2.1 Beteiligte 17
   2.2 Mindestinhalt 17
   2.3 Weisungsrecht 18
       2.3.1 Begriff 18
       2.3.2 Weisungsberechtigter 18
       2.3.3 Weisungsempfänger 19
       2.3.4 Schranken des Weisungsrechts 19
       2.3.5 Folgepflicht des Vorstands 20
3. Abschluss, Änderung und Beendigung 20
   3.1 Der Abschluss von Beherrschungsverträgen 20
   3.2 Die Änderung von Beherrschungsverträgen 21
   3.3 Die Beendigung von Beherrschungsverträgen 21
       3.3.1 Aufhebung (§ 296 AktG) 21
       3.3.2 Kündigung (§ 297 AktG) 22
       3.3.3 Sonstige Beendigungsgründe 22
4. Rechtsfolgen 23
   4.1 Pflichten und Haftung 23
       4.1.1 Haftung der Geschäftsleitung des herrschenden
             Unternehmens 23
       4.1.2 Pflichten und Haftung des herrschenden Unternehmens
             als solches 23
       4.1.3 Haftung des Vorstands der abhängigen Gesellschaft 24
   4.2 Steuerliche Aspekte 24
   4.3 Fehlerhafte Beherrschungsverträge 24
5. Ausgleich und Abfindung 25
   5.1 Angemessener Ausgleich... 25
   5.2 Abfindung 25
6. Besondere Formen von Beherrschungsverträgen 26
   6.1 Teilbeherrschungsverträge... 26
   6.2 Verdeckte Beherrschungsverträge..................................... 27

7. Grenzüberschreitende Beherrschungsverträge 27
   7.1 Abhängige deutsche Gesellschaft 27
   7.2 Herrschendes deutsches Unternehmen............................ 27
8. Lernkontrolle 28

Kapitel 4: Gewinnabführungsvertrag 29
1. Begriff und gesetzliche Regelung 29
2. Voraussetzungen 29
   2.1 Beteiligte 30
   2.2 Inhalt 30
3. Abschluss, Änderung und Beendigung 30
4. Rechtsfolgen 30
   4.1 Keine Abhängigkeit im Sinne von §§ 17, 18 AktG 30
   4.2 Auffüllung der Rücklage.. 31
   4.3 Steuerliche Organschaft.. 31
5. Besondere Formen des Gewinnabführungsvertrags 32
   5.1 Isolierte Gewinnabführungsverträge............................. 32
   5.2 Reine Verlustdeckungszusagen 32
6. Lernkontrolle 32

Kapitel 5: Sonstige Unternehmensverträge 33
1. Überblick 33
2. Gewinngemeinschaft 33
   2.1 Wirksamkeitsvoraussetzungen.................................. 34
   2.2 Vertragsinhalt 34
   2.3 Abgrenzungen 34
   2.4 Unangemessene Aufteilung 34
3. Teilgewinnabführungsvertrag 35
   3.1 Hintergrund der Regelung..................................... 35
   3.2 Angemessenheit der Gegenleistung.............................. 35
4. Gebrauchsüberlassungsverträge 36
   4.1 Betriebspachtvertrag 36
       4.1.1 Abgrenzung 36
       4.1.2 Angemessenheit der Pacht 36
   4.2 Betriebsüberlassungsvertrag 37
   4.3 Betriebsführungsvertrag....................................... 37
5. Lernkontrolle 37

Kapitel 6: Faktischer Konzern 38
1. Begriff und Zweck 38
2. Voraussetzungen 38
   2.1 Die Beteiligten.. 38
   2.2 Abhängigkeitsverhältnis und Leitungsmacht 39
   2.3 Kein Beherrschungsvertrag; keine Eingliederung;
       Vorliegen anderer Unternehmensverträge....................... 39
   2.4 Mehrstufige Unternehmensverbindungen 39

3. Rechtsfolgen 39
   3.1 Nachteilsausgleichspflicht 40
      3.1.1 Einflussnahme; Veranlassung 40
      3.1.2 Nachteil 40
      3.1.3 Ausgleichspflicht 41
   3.2 Abhängigkeitsbericht 41
   3.3 Prüfungspflicht des Vorstands der abhängigen Gesellschaft .. 42
4. Der qualifiziert faktische Konzern 42
5. Lernkontrolle 43

Kapitel 7: Eingliederung 44

1. Einführung 44
2. Eingliederung nach § 319 AktG 44
3. Eingliederung nach § 320 AktG 45
4. Rechtsfolgen der Eingliederung 45
5. Beendigung der Eingliederung 45
6. Lernkontrolle 45

Kapitel 8: Squeeze-Out 46

1. Einleitung 46
2. Aktienrechtlicher Squeeze-Out 46
   2.1 Angemessene Barabfindung 46
   2.2 Übertragung der Aktien 47
3. Wertpapierrechtlicher Squeeze-Out 47
4. Umwandlungsrechtlicher Squeeze-Out 48
5. Lernkontrolle 48

Kapitel 9: GmbH-Konzern 49

1. Einführung 49
2. GmbH-Vertragskonzern 49
   2.1 Gesellschaft mit beschränkter Haftung als Beteiligte eines
       Beherrschungsvertrags 50
   2.2 Abschluss eines Beherrschungsvertrags 50
      2.2.1 Gesellschaft mit beschränkter Haftung als abhängige Gesellschaft 51
      2.2.2 Gesellschaft mit beschränkter Haftung als herrschendes
          Unternehmen 51
   2.3 Änderung eines Beherrschungsvertrags 52
   2.4 Beendigung eines Beherrschungsvertrages 52
3. Rechtsfolgen eines Beherrschungsvertrags 53
   3.1 Weisungsrecht 53
   3.2 Pflichten und Haftung des herrschenden Unternehmens 53
   3.3 Fehlerhafte Verträge 54
4. Der faktische GmbH-Konzern 54
   4.1 Die Treuepflicht als Anknüpfungspunkt 54
   4.2 Existenzvernichtende Eingriffe 54
5. Lernkontrolle 55

Kapitel 10: Personengesellschaften im Konzern 56
1. Einführung 56
2. Personengesellschaft als herrschendes Unternehmen 57
3. Abhängige Personengesellschaft 57
    3.1 Vertragskonzern 57
    3.2 Einfache Abhängigkeit 58
    3.3 Faktischer Konzern 59
        3.3.1 Begründung eines faktischen Konzerns 59
        3.3.2 Rechtsfolgen 59
    3.4 Qualifiziert faktischer Konzern 60
4. Lernkontrolle 60

Kapitel 11: Überblick – Arbeitsrecht im Konzern 61
1. Einführung 61
2. Individualarbeitsrecht 61
    2.1 Person des Arbeitgebers 61
    2.2 Kündigungsschutz im Konzern 62
    2.3 Sonstige beschäftigungsabhängige Vergünstigungen 63
3. Kollektivarbeitsrecht 63
    3.1 Tarifverträge 63
    3.2 Konzernbetriebsrat 64
    3.3 Europäischer Betriebsrat 64
    3.4 Mitbestimmung im Konzern 65
4. Lernkontrolle 65

Kapitel 12: Überblick – Steuerrecht im Konzern 66
1. Einführung 66
2. Ertragsbesteuerung im Konzern 66
    2.1 Organschaft 66
        2.1.1 Organgesellschaft 67
        2.1.2 Organträger 67
        2.1.3 Finanzielle Eingliederung 67
    2.2 Dividendenbesteuerung im Konzern 67
    2.3 Zinsschranke 68
    2.4 Grenzüberschreitende Gewinn-/Verlustverlagerung im Konzern 68
    2.5 Beteiligungserwerb und Verlustuntergang 68
3. Gewerbesteuer im Konzern 69
    3.1 Grundzüge der Gewerbesteuer 69
    3.2 Gewerbesteuerliche Organschaft 69
5. Grunderwerbsteuer 69

Kapitel 13: Überblick – Bilanzierung im Konzern 70
1. Einführung 70
2. Beherrschender Einfluss 70
3. Konzernabschluss 71
4. Konsolidierung 72

Kapitel 14: Cash-Pool 73
1. Begriff 73
2. Methoden des Cash-Pooling 73
3. Rechtsprobleme 73
   3.1 Kapitalaufbringung 73
   3.2 Kapitalerhaltung 74

Kapitel 15: Überblick – Compliance im Konzern 76
1. Der Compliance-Begriff 76
2. Die Rechtsgrundlagen der Compliance im Konzern 76
   2.1 Deutscher Corporate Governance Kodex 77
   2.2 Bereichsspezifische Rechtsgrundlagen 77
   2.3 Aktienrechtliches Überwachungssystem 78
   2.4 Leitungs- und Organisationsverantwortung der Geschäftsleitung 78
   2.5 Aufsichtsmaßnahmen nach dem Recht der Ordnungswidrigkeiten 80
3. Lernkontrolle 81

2. Teil
Umwandlungsrecht

Kapitel 16: Allgemeines Umwandlungsrecht 82
1. Einführung 82
2. Geltungsbereich des Umwandlungsgesetzes 82
3. Arten der Umwandlung 83
   3.1 Verschmelzung, §§ 2-122l UmwG 83
   3.2 Spaltung einschließlich Ausgliederung, §§ 123-173 UmwG 83
   3.3 Vermögensübertragung, §§ 174-189 UmwG 84
   3.4 Formwechsel, §§ 190-312 UmwG 84
4. Beteiligung der Hauptversammlung 84
5. Steuerliche Folgen umwandlungsrechtlicher Maßnahmen 85
6. Lernkontrolle 86

Kapitel 17: Verschmelzung 87
1. Struktur des Verschmelzungsrechts 87
2. Arten der Verschmelzung 87
3. Verschmelzungsfähige Rechtsträger 88
4. Kapitalerhöhung zur Verschmelzung 88
5. Ablauf und Rechtsfolgen der Verschmelzung 88
   5.1 Verschmelzungsvertrag 89
   5.2 Verschmelzungsbericht und -prüfung 91
   5.3 Verschmelzungsbeschlüsse 92
   5.4 Eintragung ins Handelsregister 92
   5.5 Rechtsfolgen der Verschmelzung 92
6. Konzernrechtliche Besonderheiten 93
7. Grenzüberschreitende Verschmelzungen 93
   7.1 Beteiligungsfähige Rechtsträger 93

7.2 Verschmelzungsplan 93
7.3 Zustimmungsbeschlüsse 95
7.4 Schutz der Gläubiger des übertragenden Rechtsträgers 95
7.5 Eintragung ins Handelsregister 95
8. Lernkontrolle 95

Kapitel 18: Spaltung 96
1. Einführung 96
2. Arten der Spaltung im Einzelnen 96
3. Spaltungsfähige Rechtsträger 97
4. Ablauf und Rechtsfolgen der Spaltung 97
    4.1 Spaltungsvertrag 97
    4.2 Spaltungsbericht und -prüfung 99
    4.3 Zustimmungsbeschlüsse 99
    4.4 Eintragung ins Handelsregister 99
    4.5 Rechtsfolgen 100
5. Grenzüberschreitende Spaltungen 100
6. Lernkontrolle 100

Kapitel 19: Vermögensübertragung 101
1. Einführung 101
2. Beteiligte Rechtsträger 101
3. Gegenleistung 101
4. Vollübertragung 102
5. Teilübertragung 102
6. Lernkontrolle 103

Kapitel 20: Rechtsformwechsel 104
1. Einführung 104
2. Beteiligungsfähige Rechtsträger 104
3. Ablauf des Formwechsels 105
    3.1 Formwechselbericht 105
    3.2 Beschluss der Anteilsinhaber 105
    3.3 Eintragung ins Handelsregister 106
4. Gläubigerschutz beim Formwechsel 106
5. Lernkontrolle 106

3. Teil
Rechtsschutz

Kapitel 21: Rechtsschutz 107
1. Einführung 107
2. Auswirkungen von Rechtsbehelfen 108
    2.1 Umwandlungsrechtliche Maßnahmen 108
    2.2 Konzernrechtliche Maßnahmen 108
3. Spruchverfahren 109

4. Klagemöglichkeiten gegen Gesellschafterbeschlüsse 110
    4.1 Klagearten 110
    4.2 Aktienrechtliche Grenzen 110
    4.3 Umwandlungsrechtliche Grenzen 111
5. Überwindung einer Registersperre 112
    5.1 Umwandlungsrechtliches Verfahren 112
    5.2 Aktienrechtliche Verfahren 112
6. Lernkontrolle 113

4. Teil
Vertragsgestaltung

Kapitel 22: Grundlagen der Vertragsgestaltung und Vertragsmuster 114

1. Einführung in die Vertragsgestaltung 114
    1.1 Ermittlung der Sachziele des Mandanten 114
    1.2 Ermittlung der Rechtsziele des Mandanten 115
    1.3 Prüfung der Gestaltungsmöglichkeiten 115
    1.4 Erstellung des Vertragsentwurfs 115
2. Musterverträge 116
    2.1 Beherrschung- und Gewinnabführungsvertrag 116
    2.2 Verschmelzungsvertrag 118

Lösungshinweise 121

Stichwortverzeichnis 131

1. Teil
Konzernrecht

Kapitel 1
Einführung

Literatur: *Emmerich/Habersack*, Konzernrecht, 9. Auflage 2008, § 1.

1. Der Konzern als Regelungsgegenstand des Rechts

Das Konzernrecht ist ein Teilgebiet des Gesellschaftsrechts. So enthalten die §§ 15 ff., 291 ff. AktG Vorschriften über „verbundene Unternehmen". Schon aus dieser Formulierung geht hervor, dass es sich bei einem Konzern nicht um eine (rechtliche) Einheit handelt, sondern vielmehr um mindestens zwei Rechtssubjekte, die sich in irgendeiner Art und Weise zusammengeschlossen haben. Allerdings enthält lediglich das Aktienrecht Regelungen für verbundene Unternehmen unter Beteiligung von Aktiengesellschaften und Kommanditgesellschaften auf Aktien. Für sonstige Gesellschaftsformen existieren keine Parallelregelungen. Anhand der reinen Gesetzesmaterie scheint es also, als gäbe es weder Gesellschaften mit beschränkter Haftung noch Gesellschaften bürgerlichen Rechts, offene Handelsgesellschaften oder Kommanditgesellschaften, die im Verbund mit einem anderen Unternehmen agieren. Schließlich haben derartige Konstellationen keinen Niederschlag in den seit vielen Jahren bestehenden gesetzlichen Regelungen (vor allem GmbHG, BGB, HGB) gefunden. Ungeachtet der Gesetzeslage arbeiten Unternehmen jedoch unabhängig von der jeweiligen Rechtsform mehr oder minder stark zusammen, was mitunter auch dazu führen kann, dass eine Beherrschungssituation auftritt. Daher werden viele der aktienrechtlichen Bestimmungen in entsprechender Weise auf die außerhalb des Aktiengesetzes bestehenden Rechtsformen angewandt, sofern keine rechtsformspezifischen Besonderheiten entgegenstehen.

Der Regelungsgegenstand des Konzernrechts als solches ist damit die Zulässigkeit und die Voraussetzungen einer Verbindung mindestens zweier Unternehmen, die Auswirkungen auf die Beteiligten sowie die Rechtsfolgen des Handelns in diesem Unternehmensverbund.[1]

Zwar wird der Konzern als solcher in den §§ 15 ff., 291 ff. AktG geregelt. Gleichzeitig wird er jedoch von weiteren (Teil-)Disziplinen des Rechts adressiert. So erfassen sowohl das Bilanzrecht (§§ 290 ff. HGB, 11 ff. PublG) als auch das Steuerrecht den Konzern durch die Schaffung spezieller ihn betreffender Regelungen (steuerlich sind dies vor allem die Organschaft und das sog. Schachtelprivileg).[2] Kartellrechtlich sind bei der beabsichtigten Bildung eines Konzerns insbesondere die Vorschriften über die

---
1 Vgl. *Emmerich/Habersack*, Konzernrecht, § 1 Rdnr. 2.
2 Siehe hierzu Kapitel 12.

Fusionskontrolle (§§ 36, 37, 39 GWB sowie Art. 3 Fusionskontrollverordnung) zu beachten. Endlich erfasst auch das Kapitalmarktrecht (§§ 29, 30 WpÜG) und das Recht der Mitbestimmung[3] den Konzern.

4   Das heutige Aktiengesetz ist in seiner ursprünglichen Form im Jahre 1965 in Kraft getreten. Gleichwohl ist es in der Zwischenzeit sowohl durch den Gesetzgeber als auch durch die Rechtsprechung fortgebildet und an neue Entwicklungen angepasst worden.[4] Die letzte Änderung durch den Gesetzgeber erfolgte im Jahre 2011.[5] Aufgrund der nur lückenhaften gesetzlichen Regelung des Konzernrechts wurde dieses auch stark durch die Rechtsprechung geprägt, etwa bezüglich des GmbH-Konzerns und des existenzvernichtenden Eingriffs.[6]

2. Unternehmenskonzentration

5   Unternehmenskonzentration lässt sich verstehen als Vorgang, in welchem immer weniger Unternehmen am Markt auftreten, diese jedoch für sich genommen durch Zusammenschlüsse bislang selbständiger Unternehmen immer größer und damit einflussreicher werden.[7]

2.1 Ursachen

6   Die Unternehmenskonzentration findet vor allem durch zweierlei Vorgänge statt. Einerseits dadurch, dass aus einer großen, zusammenhängenden Gesellschaft ein Geschäftsbereich (beispielhaft sei an eine EDV-Abteilung gedacht) auf eine neu gegründete Tochtergesellschaft ausgelagert wird und sich im Laufe der Zeit eine dritte Gesellschaft an eben dieser Tochter beteiligt. Hierdurch werden mithin zwei vormals selbständige und unabhängige Gesellschaft über eine gemeinsame Tochter als Bindeglied miteinander verbunden. Andererseits wird eine Unternehmenskonzentration dadurch herbeigeführt, dass eine selbständige Gesellschaft vollständig von einer anderen übernommen wird (etwa weil ein Automobilkonzern nicht nur KFZ, sondern zusätzlich noch LKW herstellen möchte).

7   Die Begründung eines Konzerns folgt damit – schematisch – betrachtet einer gewissen Grundreihenfolge. Auf einen ersten Anteilserwerb und dem Ausbau dieser Beteiligung folgt eine Abhängigkeit (vgl. § 18, 17 AktG), sodann wird ein faktischer Konzern begründet und zum Schluss wird ein Beherrschungsvertrag zwischen den Beteiligten geschlossen, welcher den faktischen zu einem Vertragskonzern werden lässt.[8]

---

3   Siehe hierzu Kapitel 11.
4   Ein Überblick über die historische Entwicklung des Aktiengesetzes findet sich bei *Emmerich/Habersack*, Konzernrecht, § 1 Rdnrn. 5 ff.
5   Gesetz vom 22.12.2011, BGBl. I S. 3044.
6   Zur Existenzvernichtungshaftung etwa jüngst BGH DB 2012, 1261; ausführlich hierzu Rdnr. 147.
7   Vgl. *Emmerich/Habersack*, Konzernrecht, § 1 Rdnr. 19.
8   Vgl. hierzu Monopolkommission, 7. Hauptgutachten, Rdnrn. 815 ff., abrufbar als BT-Drucks. 11/2677.

2.2 Gefahren durch eine Konzernierung

In der Grundkonzeption einer Gesellschaft verfolgen alle mit ihr verbundenen Interessengruppen – die Gesellschaft und die Verwaltung als solche, deren Gesellschafter sowie die Gläubiger – ein gemeinsames Ziel. Alle Aktivitäten werden am Eigeninteresse der Gesellschaft ausgerichtet, damit die Gesellschaft möglichst profitabel wirtschaftet. Hierdurch erhalten zunächst die Gesellschafter einen möglichst hohen Vermögenszuwachs durch die Ausschüttung ihres Gewinnanteils oder dessen Thesaurierung in der Gesellschaft. Aber auch den Gläubigern der Gesellschaft ist an einer derartigen Interessenverfolgung gelegen, sorgt sie doch dafür, dass die Gesellschaft ihrerseits ein solventer Schuldner ist.

Wenn nun jedoch ein einzelner Gesellschafter ein anderweitiges Interesse als Unternehmer verfolgt und dies aufgrund seiner Stellung unter den Gesellschaftern (etwa kraft einer Mehrheitsbeteiligung) auch kann, führt dies zu Schwierigkeiten. Auf der Ebene der sich in Mehrheitsbesitz befindlichen Gesellschaft kollidieren nunmehr die (anderweitigen) unternehmerischen Interessen des Mehrheitsgesellschafters mit denen der übrigen (Minderheits-) Gesellschafter und denen der Gesellschaftsgläubiger. Der Mehrheitsgesellschafter ist jedoch in der Lage, seine Interessen durch Einflussnahme auf die Geschäftsleitung durchzusetzen und so mitunter zum Nachteil der Minderheitsgesellschafter und der Gesellschaftsgläubiger zu handeln. Dies kann insbesondere durch einen Eingriff in das Gewinnverwendungsrecht der Hauptversammlung (§ 174 AktG) im Wege einer Gewinnverlagerung in Tochtergesellschaften (über deren Geschäftstätigkeit und Gewinnverwendung wiederum die Geschäftsleitung befindet) sowie durch den Abschluss überteuerter Verträge mit dem Mehrheitsgesellschafter oder die Ausreichung marktunüblich günstiger Darlehen an diesen (sog. verdeckte Gewinnausschüttungen, vgl. §§ 57, 58, 60 AktG) geschehen.[9] Als Korrelat hierfür sieht das Konzernrecht vor allem Ausgleichs- und Schadensersatzpflichten zu Gunsten einer derart beeinflussten Gesellschaft vor.

---

[9] Vgl. hierzu *Emmerich/Habersack*, Konzernrecht, § 1 Rdnrn. 25 u. 26 mit weiteren Beispielen für verdeckte Gewinnausschüttungen.

Kapitel 2
Allgemeines Konzernrecht

Literatur: *Kuhlmann/Ahnis*, Konzern- und Umwandlungsrecht, 3. Auflage 2010, §§ 1-2; *Emmerich/Habersack*, Konzernrecht, 9. Auflage, 2008, §§ 2-6; *Timm*, Grundfälle zum Konzernrecht, JuS 1999, 553 ff., 656 ff.

1. Gesetzliche Regelung des Konzernrechts

10 Das Gesetz regelt das Konzernrecht im Wesentlichen in den §§ 15-22, 291-328 AktG. Die §§ 15-22 AktG enthalten den „Allgemeinen Teil" des Konzernrechts, in dem wichtige konzernrechtliche Begriffe definiert und diverse Mitteilungspflichten statuiert werden. Die §§ 15-22 AktG gelten rechtsformunabhängig.

Die §§ 291-328 AktG – der „Besondere Teil" des Konzernrechts – sind dagegen nur unmittelbar anwendbar, wenn das abhängige Unternehmen eine Aktiengesellschaft oder eine Kommanditgesellschaft auf Aktien ist. Im Übrigen ist das Konzernrecht sehr stark von Rechtsprechung und Literatur geprägt. Das gilt insbesondere für den GmbH-Konzern sowie für Konzerne mit Personengesellschaften, die vom Gesetzgeber nicht geregelt wurden.[10] Der Besondere Teil untergliedert sich in die Regelungen über den Vertragskonzern (§§ 291 ff. AktG), den faktischen Konzern (§§ 311 ff. AktG) sowie die Regelungen über die Eingliederung eines Unternehmens in ein anderes (§§ 320 ff. AktG).

2. Zweck des Konzernrechts

11 Der Konzern selbst ist keine juristische Person. Vielmehr bleiben die einzelnen Konzerngesellschaften rechtlich selbständig.

Das Konzernrecht will Interessenkollisionen zwischen der abhängigen Gesellschaft, deren Gläubigern und Minderheitsgesellschaftern auf der einen Seite und dem herrschenden Unternehmen auf der anderen Seite austarieren. Ihm kommt somit einerseits eine Schutzfunktion zugunsten der abhängigen Gesellschaft, deren Gläubigern und Minderheitsgesellschaftern gegenüber dem herrschenden Unternehmen zu. Andererseits erkennt das Konzernrecht jedoch auch das Interesse des herrschenden Unternehmens an, auf die abhängige Gesellschaft Einfluss auszuüben, um beispielsweise Interessen des herrschenden Unternehmens beziehungsweise ein Konzerninteresse zu verfolgen. Gelöst wird diese Konfliktsituation im Vertragskonzern – stark vereinfacht – durch die Gewährung eines Weisungsrechts zugunsten des herrschenden Unternehmens, der eine Pflicht zum Nachteilsausgleich zugunsten der abhängigen Gesellschaft gegenübersteht.

---

10 Vgl. hierzu Kapitel 9 (GmbH) und Kapitel 10 (Personengesellschaften).

3. Konzernarten

Ein Konzern kann sowohl auf faktischer wie auch auf vertraglicher Basis ent- und bestehen und sich als Gleich- oder Unterordnungskonzern präsentieren.

12

3.1 Faktische und Vertragskonzerne

Man unterscheidet zwischen faktischen[11] und Vertragskonzernen.[12] Während bei letzterem zwischen dem herrschenden Unternehmen und der abhängigen Gesellschaft ein Beherrschungsvertrag im Sinne von § 291 Abs. 1 S. 1 Alt. 1 AktG besteht, ist ersterer dadurch gekennzeichnet, dass es an einem solchen Beherrschungsvertrag fehlt, das herrschende Unternehmen jedoch aufgrund der tatsächlichen Verhältnisse Leitungsmacht über die abhängige Gesellschaft ausüben kann. Der in der Praxis häufigste Fall solch tatsächlicher Verhältnisse ist die Mehrheitsbeteiligung.

13

Die Rechtsfigur des qualifizierten faktischen Konzerns hat die Rechtsprechung im Jahr 2001 zumindest für die Gesellschaft mit beschränkter Haftung aufgegeben.[13]

3.2 Gleichordnungs- und Unterordnungskonzerne

Ein Unterordnungskonzern liegt gemäß § 18 Abs. 1 AktG vor, wenn

14

(1) ein herrschendes Unternehmen
(2) und ein oder mehrere abhängige Unternehmen
(3) unter einheitlicher Leitung des herrschenden Unternehmens zusammengefasst werden.

Kennzeichnend für den Unterordnungskonzern ist somit ein Abhängigkeitsverhältnis und eine tatsächlich ausgeübte einheitliche Leitung des Unternehmensverbunds.

Ein Gleichordnungskonzern hingegen liegt gemäß § 18 Abs. 2 AktG vor, wenn

(1) rechtlich selbständige Unternehmen,
(2) durch einen Gleichordnungsvertrag, eine Gewinngemeinschaft oder faktisch unter einer einheitlichen Leitung zusammengefasst werden (vgl. auch § 291 Abs. 2 AktG),
(3) ohne dass ein Mehrheitsbesitzverhältnis oder ein Beherrschungsvertrag bzw. Abhängigkeitsverhältnis existiert.

Beim Gleichordnungskonzern fehlt es mithin an dem den Unterordnungskonzern kennzeichnenden Abhängigkeitsverhältnis.

Der Gleichordnungskonzern wird mitbestimmungsrechtlich nicht anerkannt, da § 5 MitbestG nur auf § 18 Abs. 1 AktG verweist, nicht jedoch auf § 18 Abs. 2 AktG, so dass die Arbeitnehmer der verschiedenen Konzernunternehmen nicht gegenseitig zugerechnet werden.

---

11 Hierzu Kapitel 6.
12 Hierzu Kapitel 3.
13 Grundlegend BGH NJW 2001, 3622 – Bremer Vulkan; siehe hierzu auch Rdnr. 195.

4. Begriff des Konzerns

15 Wie gesehen liegt ein Konzern gemäß § 18 Abs. 1 S. 1 AktG vor, wenn mindestens ein abhängiges Unternehmen unter der einheitlichen Leitung eines anderen Unternehmens steht.

4.1 Unternehmen im Sinne des Konzernrechts

16 Ausgangspunkt des Konzernrechts ist ein Unternehmen. So geht das Gesetz in § 18 Abs. 1 AktG von einem herrschenden Unternehmen aus, während § 18 Abs. 2 AktG auf mehrere gleich geordnete Unternehmen abstellt. Der Begriff des Unternehmens im Sinne des Konzernrechts ist daher von maßgebender Bedeutung, ohne dass dieser jedoch eine gesetzliche Regelung erfahren hätte.

4.1.1 Zweckorientierter Unternehmensbegriff

17 Der Zweck des Konzernrechts, die Interessen der Gesellschaft, etwaiger Minderheitsgesellschafter sowie etwaiger Gläubiger zu schützen, rechtfertigt einen weiten Unternehmensbegriff.

Unternehmensqualität im Sinne des § 18 Abs. 1 AktG besitzt daher jeder Gesellschafter, wenn für ihn „eine wirtschaftliche Interessenbindung besteht, die stark genug ist, um die ernsthafte Besorgnis zu begründen, der Gesellschafter könnte um ihretwillen seinen Einfluss zum Nachteil der Gesellschaft geltend machen".[14] Die Rechtsform ist dabei unerheblich.[15] Unternehmen können mithin auch Personengesellschaften, eine SE (vgl. § 49 SE-AG), Vereine, Stiftungen und Einzelkaufleute sein. Eine rein karitative oder vermögensverwaltende Tätigkeit genügt nicht, wohl aber eine freiberufliche Tätigkeit.

4.1.2 Die maßgebliche anderweitige Beteiligung als einschränkendes Kriterium

18 Ein derart weiter Unternehmensbegriff hätte zur Folge, dass letztlich jeder private Kleinaktionär Unternehmensqualität im Sinne des Konzernrechts besäße. Um eine solche Ausuferung zu vermeiden, die dem Zweck des Konzernrechts nicht gerecht werden würde, fordert die Rechtsprechung darüber hinaus eine „maßgebliche Beteiligung". Denn nur im Fall einer maßgeblichen Beteiligung besteht auch die „ernsthafte Möglichkeit der Einflussnahme" auf die zweite Gesellschaft durch Ausübung von Leitungsmacht und gerade hierauf kommt es an.

Eine maßgebliche Beteiligung liegt somit jedenfalls im Fall einer Mehrheitsbeteiligung vor. Doch auch eine geringere Beteiligung kann genügen, wenn entsprechende Stimmbindungsverträge existieren oder die Präsenz der Aktionäre in der Hauptversammlung regelmäßig gering ist. Je nach Umständen des Einzelfalls soll sogar eine

---

14 So BGH NJW 1981, 1512 (1513) mit Verweis auf BGH NJW 1978, 104.
15 BAG NZG 2005, 512 (513) – Bofrost.

Beteiligung von unter 25% genügen können, wenn nur die ernsthafte Möglichkeit der Einflussnahme gegeben ist.[16]

4.1.3 Unternehmenseigenschaft einer Holdinggesellschaft

Auf Grundlage der vorangegangenen Ausführungen wird man eine Holdinggesellschaft nur dann als Unternehmen im Sinne des Konzernrechts qualifizieren können, wenn diese an mehreren Gesellschaften maßgeblich beteiligt ist und entweder zumindest auch ihren Beteiligungsbesitz verwaltet oder auch anderweitig unternehmerisch tätig ist. Umstritten ist demgegenüber die Frage, ob Unternehmensqualität im Fall einer Holdinggesellschaft, die nur an einer Gesellschaft beteiligt ist, zu bejahen ist.[17]

4.1.4 Stimmrechtskonsortien und Familiengesellschaften

Fraglich ist, ob Stimmrechtskonsortien, Ehegatten- und Familiengesellschaften sowie Schutzgemeinschaften Unternehmensqualität besitzen. Die herrschende Meinung verneint dies jedenfalls dann, wenn der einzelne Gesellschafter, zum Beispiel das Familienmitglied, nicht in der Lage ist, Einfluss auszuüben und diese Gebilde lediglich als BGB-Innengesellschaften agieren, ohne nach außen aufzutreten.[18]

4.1.5 Öffentliche Hand

Beteiligt sich die öffentliche Hand an privatrechtlichen Unternehmen, ist diese an das Gesellschaftsrecht, mithin auch an das Konzernrecht gebunden, sofern keine ausdrückliche, vom Gesetzgeber gewollte Durchbrechung existiert, wie dies etwa bei den §§ 394, 395 AktG sowie beim sogenannten VW-Gesetz[19] der Fall ist. Der Bundesgerichtshof geht offenbar sogar von einem erhöhten Schutzbedürfnis von Minderheitsgesellschaftern aus, wenn die öffentliche Hand beteiligt ist und fasst in diesem Fall den Unternehmensbegriff noch weiter als oben ausgeführt: Ausreichend ist es, wenn die öffentliche Hand nur ein privates Unternehmen beherrscht; ob sie darüber hinaus auch andere unternehmerische Interessen verfolgt, ist dagegen unerheblich.[20]

4.2 Abhängigkeit im Sinne von § 17 AktG

Zentraler Begriff für die Definition des in der Praxis am häufigsten vorkommenden Unterordnungskonzerns und damit für das Konzernrecht überhaupt ist die Abhängigkeit. Sie ist in § 17 Abs. 1 AktG definiert. Ein Unternehmen ist danach abhängig von einem anderen Unternehmen, wenn

---

16 Grundlegend zum Kriterium der maßgeblichen Beteiligung BGH NJW 2001, 2973 – MLP.
17 Verneinend BGH AG 1980, 342; bejahend *Emmerich/Habersack*, Konzernrecht, § 2 Rdnrn. 13 ff.
18 Näher *Emmerich/Habersack*, Konzernrecht, § 2 Rdnrn. 13 ff., die im Einzelfall wohl auch eine gegenseitige Zurechnung bejahen, um Schutzlücken zu vermeiden.
19 Vgl. hierzu EuGH AG 2007, 817.
20 Grundlegend BGH NJW 1997, 1855 (1856) – VW.

(1) ein Unternehmen
(2) aus Sicht eines anderen Unternehmens über die Möglichkeit verfügt,
(3) auf das abhängige Unternehmen mittelbar oder unmittelbar Einfluss auszuüben und diesen Einfluss auch durchzusetzen.

4.2.1 Gesetzliche Vermutung bei Mehrheitsbeteiligung (§ 17 Abs. 2 AktG)

23   Hält das herrschende Unternehmen an dem abhängigen Unternehmen eine Mehrheitsbeteiligung, vermutet das Gesetz widerleglich das Vorliegen eines Abhängigkeitsverhältnisses (§ 17 Abs. 2 AktG).

Wann eine Mehrheitsbeteiligung vorliegt, richtet sich nach § 16 AktG. Erwähnenswert ist hier insbesondere § 16 Abs. 4 AktG, wonach auch Aktien, die einem abhängigen Unternehmen oder einem anderen für Rechnung des Unternehmens oder eines von diesem abhängigen Unternehmens gehören, Berücksichtigung finden, und, wenn der Inhaber des Unternehmens Einzelkaufmann ist, auch die Gesellschaftsanteile, die zum sonstigen Vermögen des Inhabers gehören. In diesen Fällen findet mithin für Zwecke der Feststellung einer Mehrheitsbeteiligung eine Aktienzurechnung statt.

4.2.2 Gesellschaftsrechtliche Begründung der Abhängigkeit

24   Nicht ausreichend ist eine rein tatsächliche Einflussnahmemöglichkeit. Diese muss vielmehr gesellschaftsrechtlich begründet sein. In Betracht kommt, dass das herrschende Unternehmen seinen Einfluss über eine mittelbare oder unmittelbare Beteiligung beziehungsweise Stimmenmehrheit ausübt und/oder mittels eines Beherrschungsvertrags oder eines sonstigen Unternehmensvertrags.[21] Nicht ausreichend ist jedoch eine bloße (passive) Sperrminorität aufgrund gesetzlicher Regelungen (z.B. §§ 179 Abs. 2 AktG, 53 Abs. 2 GmbHG) oder Gesellschaftsvertrag.[22] Eine Abhängigkeit ist jedenfalls zu bejahen, wenn ein wesentlicher Einfluss auf die Personalpolitik ausgeübt werden kann.[23]

25   Eine bloße wirtschaftliche Abhängigkeit von finanzierenden Banken, Abnehmern oder dem Franchisegeber genügt nicht, sofern nicht im Einzelfall besondere Umstände und zumindest eine Minderheitsbeteiligung hinzutreten.[24] So kann bei einer Aktiengesellschaft eine Minderheitsbeteiligung eine Hauptversammlungsmehrheit begründen, wenn die durchschnittliche Hauptversammlungspräsenz entsprechend niedrig ist und damit ein Abhängigkeitsverhältnis begründet wird.

---

21 Sie hierzu Kapitel 4.
22 *Hüffer*, Kommentar AktG, 10. Aufl. 2012, § 17 Rdnr. 10; *Emmerich/Habersack*, Konzernrecht, § 3 Rdnr. 25.
23 *Bayer* ZGR 2002, 933 (935 f.).
24 Vgl. BGH NJW 1984, 1893 (1896 f.) – BuM; siehe auch OLG Düsseldorf NZG 2005, 1012 (1013) – Brau und Brunnen.

Die Einflussnahmemöglichkeit muss von einer gewissen Beständigkeit sein, darf also nicht zufällig, punktuell oder von dritten Ereignissen abhängig sein.[25] Eine bestimmte Dauer muss die Einflussnahmemöglichkeit aber nicht erreichen.

4.2.3 Personengesellschaften

Das Gesetz sieht bei Personengesellschaften grundsätzlich vor, dass Entscheidungen einstimmig getroffen werden (vgl. § 119 Abs. 1 HGB, § 709 Abs. 1 BGB), so dass ein Abhängigkeitsverhältnis zu einem Gesellschafter ausscheidet, sofern der Gesellschaftsvertrag nicht ausnahmsweise vom Einstimmigkeitsprinzip abweicht und zum Beispiel eine Abstimmung nach den Beteiligungsverhältnissen vorsieht.

26

4.2.4 Gemeinschaftsunternehmen

In der Praxis häufig anzutreffen sind Gemeinschaftsunternehmen von verschiedenen Unternehmen. In Betracht kommen etwa Projektgesellschaften, Joint Venture-Gesellschaften sowie Forschungs- und Vertriebsgemeinschaften. Hier kann eine einfache Abhängigkeit von einer der Muttergesellschaften oder auch eine mehrfache Abhängigkeit von allen Muttergesellschaften vorliegen, die gegenüber der abhängigen Gesellschaft einheitlich auftreten. Die Abhängigkeit ist in diesem Fall gegenüber jeder einzelnen Muttergesellschaft zu bejahen, so dass die entsprechenden konzernrechtlichen Rechtsfolgen auch in jedem Abhängigkeitsverhältnis eintreten. So muss dann etwa ein Abhängigkeitsbericht im Sinne von § 312 AktG bzgl. jeder Muttergesellschaft aufgestellt werden und die Muttergesellschaften haften bei einem faktischen Konzern gesamtschuldnerisch für eine etwaige nachteilige Einflussnahme nach §§ 311, 317 AktG. Problematisch sind Gemeinschaftsunternehmen mit paritätischen Gesellschaftsanteilen, wie dies insbesondere bei Joint Ventures häufig vorkommt. Hier muss jeweils im Einzelfall festgestellt werden, ob und gegenüber wem ein Abhängigkeitsverhältnis besteht.

27

4.2.5 Vermutung der Abhängigkeit

§ 18 Abs. 1 S. 3 AktG enthält insoweit eine Konzernvermutung, wenn ein Unternehmen von einem anderen abhängig ist. Besteht zwischen dem herrschenden Unternehmen und der abhängigen Gesellschaft ein Beherrschungsvertrag im Sinne von § 291 Abs. 1 S. 1 Alt. 1 AktG, wird die Existenz eines Konzerns sogar unwiderleglich vermutet (§ 18 Abs. 1 S. 2 AktG).

28

---

25 Näher BGH NJW 1981, 1512 (1513) – Süssen und BGH NJW 1997, 1855 (1856); eine punktuelle Einflussnahmemöglichkeit aber als ausreichend erachtend, sofern diese zentrale Unternehmensbereiche betrifft, *Emmerich/Habersack*, Konzernrecht, § 3 Rdnr. 25.

4.3 Einheitliche Leitung

29 Das Vorliegen eines Unterordnungskonzerns setzt neben dem Abhängigkeitsverhältnis eine einheitliche Leitungsmacht voraus. Unter welchen Voraussetzungen eine solche einheitliche Leitungsmacht vorliegt, ist umstritten:

4.3.1 Der enge Konzernbegriff

30 Der enge Konzernbegriff[26] stellt darauf ab, dass die Konzernführung für die zentralen unternehmerischen Bereiche (z.B. Finanzen) eine einheitliche Planung aufstellt und diese ohne Rücksicht auf die Selbständigkeit der einzelnen Konzerngesellschaften durchsetzt. Demnach ist für eine einheitliche Leitung die Planung, Durchführung und Kontrolle von Zielvorstellungen in allen zentralen Unternehmensbereichen erforderlich. Eine einheitliche Finanzplanung soll aber genügen

4.3.2 Der weite Konzernbegriff

31 Folgt man dem weiten Konzernbegriff[27] genügt demgegenüber bereits die einheitliche Leitung in einem wesentlichen Unternehmensbereich (Vertrieb, Produktion, Personal, Finanzen), wobei Leitung die Planung, Durchführung und Kontrolle umfasst.

4.3.3 Rechtsprechung und praktische Relevanz des Meinungsstreits

32 Aufgrund der in § 18 Abs. 1 AktG enthaltenen gesetzlichen Vermutungen spielt dieser Meinungsstreit in der Praxis keine große Rolle. Die Rechtsprechung hat sich bisher auch nur dahingehend geäußert, dass jedenfalls im Fall einer einheitlichen Finanzplanung von einer einheitlichen Leitungsmacht auszugehen ist.[28]

4.3.4 Formen der Leitungsmacht

33 Die Leitung kann unterschiedliche Formen annehmen. In Betracht kommen direkte Weisungen, Zielvorgaben für das Management der Konzerngesellschaften oder personelle Verflechtungen.

5. Wechselseitige Beteiligungen

34 Auch wechselseitig beteiligte Unternehmen sind verbundene Unternehmen im Sinne von § 15 AktG. Für sie gelten die Sonderregelungen der §§ 19, 328 AktG.

---

[26] So etwa *Hüffer*, AktG, § 18 Rdnrn. 9 f.; *Kuhlmann/Ahnis*, Konzern- und Umwandlungsrecht, Rdnr. 84.
[27] So etwa *Bayer*, in: MüKo AktG, Bd. 1, 3. Aufl. 2008, § 18 Rdnr. 33; *Emmerich/Habersack*, Konzernrecht, § 4 Rdnr. 17.
[28] Vgl. BGH NJW 1989, 1800 (1803) – Tiefbau; BGH NJW 1991, 3142 (3143) – Video.

5.1 Voraussetzungen

Eine wechselseitige Beteiligung liegt vor, wenn inländische Kapitalgesellschaften an der jeweils anderen eine Beteiligung von mehr als 25% halten, ohne dass ein Abhängigkeitsverhältnis oder eine Mehrheitsbeteiligung vorliegt. Von einer qualifiziert wechselseitigen Beteiligung spricht man, wenn jeweils eine Beteiligung von mehr als 50% gehalten wird.

35

5.2 Zweck der Sonderregelung

Zweck der gesonderten Regelung wechselseitiger Beteiligungen ist der Schutz von Aktionären und Gläubigern vor Kapitalverwässerung, da bei einer wechselseitigen Beteiligung wirtschaftlich nur eine Einlage geleistet wird, aber auch die Begrenzung von Verwaltungsstimmrechten beziehungsweise die Vermeidung der Beschränkung des Einflusses der übrigen Aktionäre.

36

5.3 Rechtsfolgen

Rechtsfolge einer einfachen wechselseitigen Beteiligung ist insbesondere eine in den § 328 Abs. 1 u. 3 AktG geregelte komplizierte Ausübungssperre bezüglich aller Verwaltungs- und Vermögensrechte unter den dort genannten Voraussetzungen sowie erweiterte Mitteilungspflichten nach § 328 Abs. 4 AktG.[29]

37

6. Konzernrechtliche Mitteilungspflichten

Der Allgemeine Teil des Konzernrechts schließt mit besonderen, in den §§ 20-22 AktG statuierten, Mitteilungspflichten. So sieht beispielsweise § 20 Abs. 1 AktG eine Mitteilungspflicht vor, wenn ein inländisches oder ausländisches Unternehmen eine Kapitalbeteiligung von mehr als 25% an einer Aktiengesellschaft oder einer Kommanditgesellschaft auf Aktien erwirbt. Zu beachten sind insoweit die Zurechnungsnormen § 16 Abs. 4 AktG, der über § 20 Abs. 1 S. 2 AktG anwendbar ist, sowie § 20 Abs. 2 AktG. Danach findet unter den dort genannten Voraussetzungen eine Anteilszurechnung statt.

38

6.1 Zweck der Mitteilungspflichten

Zweck der Mitteilungspflichten ist die Offenlegung der Machtverhältnisse gegenüber den beteiligten Gesellschaften und der Öffentlichkeit, der jedoch weitgehend verfehlt wurde, da den Mitteilungspflichten in der Praxis häufig nicht nachgekommen wird.[30]

39

---

29 Ausführlich zu wechselseitigen Beteiligungen *Emmerich/Habersack*, Konzernrecht, § 5.
30 Vgl. *Emmerich/Habersack*, Konzernrecht, § 6 Rdnr. 4.

6.2 Anforderungen an die Mitteilung

40 Die Mitteilung bedarf grundsätzlich der Schriftform. Sie kann jedoch durch die elektronische Form ersetzt werden (§ 126 Abs. 3 BGB). Die Mitteilung muss unverzüglich erfolgen. Sie ist gemäß § 20 Abs. 6 AktG in den Gesellschaftsblättern bekanntzumachen. Es ist der Inhaber der Beteiligung offen zu legen, nicht aber die Beteiligungsquote.

6.3 Sonderregelungen für börsennotierte Gesellschaften

41 Für Beteiligungen an börsennotierten Gesellschaften gelten die §§ 20-22 AktG indessen nicht, da hier §§ 21-30 Wertpapierhandelsgesetz (WpHG) als lex specialis Vorrang genießen.

6.4 Privataktionäre

42 Nach dem Wortlaut von § 20 Abs. 1 AktG trifft die Mitteilungspflicht nur Unternehmen, nicht aber Privataktionäre, die regelmäßig ein Interesse an Anonymität haben. Ob diese Privilegierung durchweg sachgerecht ist, darf bezweifelt werden.[31]

7. Europäisches Konzernrecht

43 Auf europäischer Ebene besteht bis dato kein einheitliches, kodifiziertes Konzernrecht. Bislang ist zur Vereinheitlichung der Rechtsordnung die Societas Europaea (SE) geschaffen worden, um den grenzüberschreitenden Verkehr von Unternehmen zu erleichtern.

7.1 Stand des europäischen Konzernrechts

44 Wenngleich in Deutschland ein umfangreiches Regelungswerk für den Konzern besteht, ist dies in der europäischen Perspektive eher die Ausnahme. So verfügen neben Deutschland lediglich Portugal, Ungarn, Slowenien und Tschechien über vergleichbare Kodifizierungen,[32] Italien zumindest über ein spezielles Haftungsrecht für Konzerne.[33] Obwohl es lange Zeit Bestrebungen gab, europaweit ein einheitliches Regelungswerk für Konzerne zu schaffen, hat die Europäische Kommission dieses Ziel zwischenzeitlich zu Gunsten von Einzelmaßnahmen aufgegeben.[34] Diese sind jedoch gebunden an die Rechtsform der Gesellschaft (vor allem bei der SE, dazu sogleich), das Geschäftsfeld oder im Zusammenhang mit einem Konzern anfallende Tätigkeiten.[35] So sind in den vergangen Jahren beispielsweise im Bereich der Banken- und Versicherungsbran-

---

31 Kritisch auch *Emmerich/Habersack*, Konzernrecht, § 6 Rdnrn. 12 f.
32 *Altmeppen*, in: MüKo AktG, Bd. 5, 3. Aufl. 2010, Einl. Rdnr. 31.
33 *Veil*, in: Spindler/Stilz, Kommentar AktG, Bd. 2, 2. Aufl. 2010, Vorbemerkungen Rdnr. 53.
34 Vgl. hierzu *Veil*, in: Spindler/Stilz, AktG, Vorbemerkungen Rdnrn. 53 ff.; *Emmerich/Habersack*, Kommentar Aktien- und GmbH-Konzernrecht, 6. Aufl. 2010, Einleitung Rdnr. 43.
35 Ein Überblick hierzu findet sich bei *Hopt*, ZHR 2007, 199 (205 ff.).

che Regelungen hinsichtlich deren Ausstattung mit Eigenkapital geschaffen worden. Darüber hinaus wird versucht, der zunehmenden Internationalisierung durch Schaffung einheitlicher Rechnungslegungsstandards Rechnung zu tragen. Etwa müssen börsennotierte Konzerne zwischenzeitlich einen Konzernabschluss nach den International Accounting Standards (IAS) erstellen (vgl. § 315a HGB).[36]

Ungeachtet dessen ist derzeit eine richtlinienkonforme Auslegung des deutschen Konzernrechts aufgrund europäischen Sekundärrechts nicht geboten. Der deutsche Gesetzgeber hat entsprechende Richtlinien zur europäischen Rechtsangleichung außerhalb des Aktiengesetzes umgesetzt.[37] So wurden Transparenzrichtlinien, die sich auf die Auslegung aktienrechtlicher Mitteilungspflichten (§§ 20 ff. AktG) hätten auswirken können, in den §§ 21 ff. WpHG umgesetzt. Die Richtlinie über den Konzernabschluss wurde durch die §§ 290 ff. HGB in das deutsche Handelsrecht übertragen. Schlussendlich wurde die Richtlinie betreffend Übernahmeangebote bezüglich der Pflichtangebote und des übernahmerechtlichen Squeeze-Out im Wertpapierübernahmegesetz geregelt (§§ 35 ff., 39a ff. WpÜG). 45

Bislang ist auf europäischer Ebene im Jahre 2001 lediglich die Societas Europaea als staatenübergreifendes Äquivalent zur deutschen Aktiengesellschaft eingeführt worden.[38] Daneben gibt es seit längerem Bestrebungen, mit der Societas Privata Europaea (SPE) eine Entsprechung zur deutschen Gesellschaft mit beschränkter Haftung einzuführen.[39] 46

7.2 Societas Europaea im Überblick

Die Rechtsgrundlage für die Societas Europaea (SE) ist neben der SE-VO[40] das (deutsche) Ausführungsgesetz zur SE-Verordnung (SEAG). Ein grundlegender Unterschied zwischen deutscher Aktiengesellschaft und Societas Europaea besteht darin, dass eine Aktiengesellschaft zwingend ein dualistisches System bestehend aus Vorstand und Aufsichtsrat vorsieht, während bei der Societas Europaea ein Wahlrecht zwischen dem (bekannten) dualistischen System und einem monistischen System besteht. In letzterem werden die getrennten Organe Vorstand und Aufsichtsrat ersetzt durch einen Verwaltungsrat (Art. 38 lit. b SE-VO bzw. §§ 20 ff. SEAG). Der deutsche Gesetzgeber verpflichtet die Gesellschaften jedoch gemäß § 40 Abs. 1 SEAG dazu, diesen Verwaltungsrat aufzuteilen in einen geschäftsführenden und einen nicht-geschäftsführenden Teil. 47

---

36 *Hopt*, ZHR 2007, 199 (208); zu Einzelheiten vgl. *Merkt*, in: Baumbach/Hopt, Kommentar HGB, 35. Aufl. 2012, Einl. v. § 238 Rdnr. 89.
37 Vgl. *Emmerich/Habersack*, Aktien- und GmbH-Konzernrecht, Einl. Rdnr. 44.
38 Vgl. Verordnung (EG) Nr. 2157/2001 des Rates v. 08.10.2001 über das Statut der Europäischen Gesellschaft (SE), ABl. EG Nr. L 294/1 (SE-VO); hierzu auch Lutter, BB 2002, 1.
39 Vgl. hierzu *Fleischer*, in: MüKo GmbHG, 1. Aufl. 2010, Bd. 1, Einl. Rdnrn. 269 ff.; *Wicke*, GmbHR 2011, 566.
40 Verordnung (EG) Nr. 2157/2001 des Rates vom 8. Oktober 2001 über das Statut der Europäischen Gesellschaft (SE).

7.3 Anwendbarkeit des deutschen Konzernrechts auf die Societas Europaea

48 Die Societas Europaea stellt eine supranationale Gesellschaftsform dar, die zur Vereinfachung des grenzüberschreitenden Verkehrs von Unternehmen dient. Gleichwohl hat sie keine unmittelbaren Auswirkungen auf das deutsche Konzernrecht als solches.

Allerdings stellt sich die Frage, ob eine in Deutschland ansässige Societas Europaea ihrerseits dem deutschen Konzernrecht unterliegt. Es besteht Einigkeit darüber, dass zumindest die herrschende Societas Europaea mit Sitz in Deutschland vom deutschen Konzernrecht erfasst wird.[41] Hinsichtlich einer abhängigen Societas Europaea besteht die Problematik, dass bei Bestehen eines Konzernes die Kapitalbindung der Tochtergesellschaften aufgehoben wird (vgl. §§ 291 Abs. 3, 323 Abs. 2, 311 AktG) und ein Weisungsrecht besteht (§§ 308 Abs. 1, 323 Abs. 1 AktG). Als hierzu im Widerspruch stehend werden Art. 5 SE-VO sowie Art. 39 Abs. 1 S. 1 SE-VO angesehen, welche einen Kapitalerhalt beziehungsweise eine eigenverantwortliche Geschäftsführung vorschreiben.[42] Gleichwohl geht die überwiegende Anzahl der Stimmen in der Literatur von der Anwendbarkeit des deutschen Konzernrechts auch auf die abhängige Societas Europaea aus; damit gelten insbesondere die §§ 291 ff., 311 ff., 319 ff. AktG. Dies wird damit begründet, dass es dem Zweck der Schaffung einer einheitlichen Rechtsform widerspräche, wenn man diese nicht dem Konzernrecht unterwirft und damit anders als eine deutsche Aktiengesellschaft behandelt.[43] Folglich kann eine Societas Europaea etwa Unternehmensverträge im Sinne von § 291 ff. AktG abschließen.

7.4 Ausländische Rechtsformen

49 Wenngleich die Möglichkeit zur Gründung einer Societas Europaea besteht, existiert eine Vielzahl von Gesellschaften weiterhin in ihrer ursprünglichen Rechtsform fort. Sobald diese ihren Sitz in einen anderen Mitgliedsstaat der Europäischen Union verlagern wollen, stellt sich die Frage, ob nunmehr weiterhin das Recht des Ursprungslandes Anwendung findet oder ob sie sich dem Recht des Zuzugsstaates unterwerfen müssen. Zur Beantwortung dieser Frage wurde in der Vergangenheit auf den tatsächlichen Sitz der Gesellschaft abgestellt (Sitztheorie). Ungeachtet des Satzungssitzes kam es alleine darauf an, wo sich die tatsächliche Geschäftstätigkeit des Unternehmens konzentrierte. Zwischenzeitlich hat hiervon jedoch eine Abkehr hin zu einer Betrachtung gefunden, die lediglich auf den Gründungsstaat der Gesellschaft abstellt, was letztlich Ausfluss der Niederlassungsfreiheit (Artt. 49, 54 AEUV) ist.[44] Für ein Unternehmen bedeutet dies, dass unabhängig davon, wo es nun seinen Sitz hat, die immer gleiche – nationale – Rechtsordnung anzuwenden ist.[45] Die Gründungstheorie ist Aus-

---

41 *Kuhlmann/Ahnis*, Konzern- und Umwandlungsrecht, Rdnr. 906 m. w. Nachw.
42 *Hommelhoff*, AG 2003, 179 (182 ff.).
43 Etwa *Kuhlmann/Ahnis*, Konzern- und Umwandlungsrecht, Rdnr. 907 unter Verweis auf Erwägungsgründe 15 u. 16 der SE-VO; *Altmeppen*, in: MüKo AktG, Bd. 7, 3. Aufl. 2012, SE-VO Art. 9 Anh. Rdnrn. 23 ff.; *Hopt*, ZHR 2007, 199 (205); a.A. *Hommelhoff*, AG 2003, 179 (182 ff.).
44 *Kuhlmann/Ahnis*, Konzern- und Umwandlungsrecht, Rdnr. 898.
45 Vgl. hierzu EuGH NJW 1999, 2027 – Centros; EuGH NJW 2002, 3614 – Überseering.

fluss der Niederlassungsfreiheit (Artt. 49, 54 AEUV) und kann als die momentan herrschende Ansicht bezeichnet werden.

8. Lernkontrolle

Frage 1: Welchen Zweck verfolgt das Konzernrecht?

Frage 2: Welches sind die drei zentralen Elemente des Unterordnungskonzerns nach § 18 Abs. 1 AktG?

Frage 3: Was versteht man unter „einheitlicher Leitungsmacht"?

Frage 4: Worin unterscheiden sich faktischer Konzern und Vertragskonzern?

Frage 5: Wonach bestimmt sich, welches Recht auf eine Gesellschaft EU-EWR-ausländischen Rechts mit Sitz in Deutschland angewendet wird?

Kapitel 3
Beherrschungsvertrag

Literatur: *Kuhlmann/Ahnis*, Konzern- und Umwandlungsrecht, 3. Auflage 2010, § 5 Rdnrn. 576 ff.; *Emmerich/Habersack*, Konzernrecht, 9. Auflage 2008, § 11; *Timm*, Grundfälle zum Konzernrecht, JuS 1999, 760 ff.

1. Begriff und gesetzliche Regelung

50 Ein Beherrschungsvertrag ist ein Vertrag, durch den eine Aktiengesellschaft oder eine Kommanditgesellschaft auf Aktien die Leitung ihrer Gesellschaft einem anderen Unternehmen unterstellt (§ 291 Abs. 1 S. 1 Alt. 1 AktG).[46]

Ein Beherrschungsvertrag ist ein Unternehmensvertrag im Sinne der §§ 291-307 AktG. Es handelt sich dabei um einen Organisationsvertrag[47] und nicht um einen bloßen schuldrechtlichen Vertrag, da eine fremdbestimmte Leitung begründet wird. Neben dem Gewinnabführungsvertrag ist der Beherrschungsvertrag der in der Praxis am häufigsten anzutreffende Unternehmensvertrag.

Für den Abschluss, die Änderung und die Beendigung von Unternehmensverträgen sehen die §§ 293-299 AktG Sonderregeln vor.

2. Voraussetzungen

51 Ein Beherrschungsvertrag liegt vor, wenn
(1) eine Aktiengesellschaft oder Kommanditgesellschaft auf Aktien
(2) einem anderen Unternehmen
(3) ihre Leitung unterstellt.

52 Darüber hinaus muss der Beherrschungsvertrag
(4) schriftlich abgeschlossen werden (§ 293 Abs. 3 AktG),
(5) die Zustimmung der Hauptversammlungen der beiden beteiligten Gesellschaften erfahren (§ 293 Abs. 1 u. 2 AktG) und
(6) in das Handelsregister der abhängigen Gesellschaft eingetragen werden (§ 294 Abs. 2 AktG).

53 Sofern es außenstehende Aktionäre - also solche, die nicht Teil des herrschenden Unternehmens sind - gibt, muss der Beherrschungsvertrag ein Angebot an diese zur Kompensation in Form einer Ausgleichszahlung (§ 304 AktG) oder einer Abfindung (§ 305 AktG) beinhalten.[48]

---

46 Zur Veranschaulichung findet sich ein Muster eines Beherrschungs- und Gewinnabführungsvertrags unter Rdnr. 400.
47 Grundlegend BGH NJW 1988, 1326 - Familienheim; ausführliche Darstellung bei *Emmerich/Habersack*, Konzernrecht, § 11 Rdnrn. 19 ff.
48 Siehe hierzu Rdnrn. 88 ff.

Keine Voraussetzung ist eine mittelbare oder unmittelbare Beteiligung des herrschenden Unternehmens an der abhängigen Gesellschaft, obwohl eine solche in der Praxis freilich häufig gegeben ist. 54

2.1 Beteiligte

Beteiligte eines Beherrschungsvertrags sind das herrschende Unternehmen sowie die abhängige Gesellschaft. Letztere kann eine Aktiengesellschaft oder eine Kommanditgesellschaft auf Aktien sein. Auch eine Gesellschaft mit beschränkter Haftung kann abhängige Gesellschaft sein. Eine Personengesellschaft kann dagegen nur ausnahmsweise abhängige Gesellschaft eines Beherrschungsvertrags sein, wenn alle Gesellschafter zustimmen und die Personengesellschaft keine natürliche Person als persönlich haftenden Gesellschafter besitzt oder dieser von einer möglichen Haftung für Verbindlichkeiten freigestellt wird.[49] Im Einzelnen sind hier jedoch noch viele Fragen offen.[50] 55

2.2 Mindestinhalt

Inhaltlich muss ein Beherrschungsvertrag zwei Elemente regeln: 56

Die abhängige Gesellschaft muss sich der Leitung des herrschenden Unternehmens unterstellen. Das Weisungsrecht des herrschenden Unternehmens (vgl. § 308 Abs. 1 AktG) muss sich gerade auf die zentralen Leitungsfunktionen beziehen und nicht etwa auf die Führung des Tagesgeschäfts.[51] Zu diesen zentralen Leitungsfunktionen zählen etwa die Zielplanung, die Besetzung der Führungsebene und das Unternehmenscontrolling. Da die Leitungsmacht nicht rückwirkend ausgeübt werden kann, kann ein Beherrschungsvertrag keine Rückwirkung entfalten. 57

Ferner muss der Beherrschungsvertrag ein Ausgleichsangebot für die außenstehenden Aktionäre enthalten, sofern solche existieren (§ 304 Abs. 1 S. 2 AktG). Hinsichtlich etwaiger Rechtsfolgen wurde in § 304 Abs. 3 AktG eine detaillierte Regelung getroffen. Ein konkretes Abfindungsangebot muss hingegen nicht in dem Vertrag enthalten sein, da nach § 305 Abs. 5 AktG bei Fehlen einer entsprechenden Abrede im Beherrschungsvertrag diese in einem Spruchverfahren gerichtlich festgesetzt wird. Zweck des § 304 Abs. 1 S. 2 AktG ist der Schutz der außenstehenden Aktionäre durch Kompensation der durch einen Beherrschungsvertrag eintretenden Verluste. 58

---

49 Zur Gesellschaft mit beschränkter Haftung siehe Kapitel 9, zu Personengesellschaften siehe Kapitel 10.
50 Näher zu diesem Fragenkreis *Emmerich/Habersack*, Kommentar Aktien- und GmbH-Konzernrecht, 6. Aufl. 2010, vor § 291 Rdnrn. 9-12.
51 Vgl. *Schürnbrand*, ZHR 2005, 35 (41 f.).

2.3 Weisungsrecht

59 Durch Abschluss eines Beherrschungsvertrags erhält das herrschende Unternehmen ein umfassendes Weisungsrecht gegenüber dem Vorstand der abhängigen Gesellschaft (§ 308 Abs. 1 AktG).

2.3.1 Begriff

60 Eine Weisung ist jede Willensäußerung des herrschenden Unternehmens, unabhängig von ihrer äußeren Erscheinungsform oder Bezeichnung. Entscheidend ist, ob das herrschende Unternehmen davon ausgeht, dass die Willensäußerung befolgt wird (weiter Weisungsbegriff).[52] Weisungen unterliegen den für Willenserklärungen geltenden Vorschriften (insbes. §§ 116 ff., 164 ff. BGB), wenngleich bislang unklar ist, ob sie tatsächlich eine Willenserklärung oder lediglich eine rechtsgeschäftsähnliche Handlung darstellen.[53]

2.3.2 Weisungsberechtigter

61 Gemäß § 308 Abs. 1 AktG ist das herrschende Unternehmen zur Erteilung von Weisungen berechtigt. Dieses übt das Weisungsrecht entsprechend der gesetzlichen Regelungen (etwa § 78 AktG für die AG, § 37 GmbHG für die GmbH, §§ 161 Abs. 2, 125, 126 HGB für die KG und §§ 709, 714 für die GbR) durch ihre gesetzlichen Vertreter aus.

62 Problematisch ist, ob und inwieweit das herrschende Unternehmen sich zur Ausübung des Weisungsrechts Dritter bedienen darf. Hierbei ist zwischen einer Delegation und einer (echten) Übertragung des Weisungsrechts zu unterscheiden. Bei einer Delegation verbleibt das Weisungsrecht grundsätzlich bei dem herrschenden Unternehmen beziehungsweise dessen vertretungsberechtigtem Organ. Es kann jedoch daneben auch von anderen (etwa einem einzelnen Vorstandsmitglied oder einem Prokuristen) ausgeübt werden. Eine Delegation ist daher zulässig, sofern der Dritte (der sog. Delegatar) dem herrschenden Unternehmen selbst – etwa durch ein Auftragsverhältnis – weisungsgebunden ist und damit sichergestellt ist, dass der Wille des herrschenden Unternehmens umgesetzt werden kann.[54] Der Delegatar ist insofern Erfüllungsgehilfe (§ 278 BGB) des herrschenden Unternehmens, wodurch dieses auch für sein Verschulden haftet. Bei einer Übertragung hingegen würde der Dritte das Weisungsrecht innehaben und es anstatt des herrschenden Unternehmens ausüben, was einem Wechsel der Parteien des Beherrschungsvertrages entspräche. Eine solche Übertragung ist daher unzulässig und lässt sich nur im Wege der Vertragsänderung (§ 295 AktG) erreichen.[55]

---

[52] So *Kuhlmann/Ahnis*, Konzern- und Umwandlungsrecht, Rdnr. 594.
[53] Vgl. hierzu *Hüffer*, Kommentar AktG, 10. Aufl. 2012, § 308 Rdnr. 11.
[54] *Kuhlmann/Ahnis*, Konzern- und Umwandlungsrecht, Rdnr. 594; ausführlich hierzu *Hüffer*, AktG, § 308 Rdnrn. 4-6.
[55] *Emmerich/Habersack*, Konzernrecht, § 23 Rdnr. 10.

2.3.3 Weisungsempfänger

Weisungsempfänger ist nicht die abhängige Gesellschaft als Partei des Beherrschungsvertrages, sondern lediglich dessen Vorstand (§ 308 Abs. 1 S. 1 AktG). Das Weisungsrecht greift damit nur in die Kompetenzen des Vorstandes (§ 76 AktG) ein, lässt jedoch sowohl Aufsichtsrat als auch Hauptversammlung grundsätzlich[56] unberührt. Weisungen, die in den Kompetenzbereich von Gesellschafterversammlung oder Aufsichtsrat fallen, sind daher nicht möglich.[57]

63

2.3.4 Schranken des Weisungsrechts

Das Weisungsrecht ist grundsätzlich umfassend hinsichtlich des gesamten Bereichs der Geschäftsführung sowie der Vertretung der abhängigen Gesellschaft.[58]

64

Die gesetzlichen Vertreter des herrschenden Unternehmens haben ihre Weisungen gemäß § 309 Abs. 1 AktG jedoch mit der Sorgfalt eines ordentlichen und gewissenhaften Geschäftsleiters zu erteilen. Diese Sorgfaltspflicht verletzen sie, wenn sie bestehende Schranken des Weisungsrechts überschreiten. Diese können sich etwa aus einer vertraglichen Vereinbarung oder aus dem Gesetz ergeben.

65

Gemäß § 308 Abs. 1 S. 2 AktG sind die Grenzen des Weisungsrechts zunächst vertraglich disponibel. Hierdurch kann das Weisungsrecht etwa dahingehend eingeschränkt werden, dass keine nachteiligen Weisungen erteilt werden dürfen. Eine Ausweitung des Weisungsrechts dagegen ist unwirksam.[59]

66

§ 308 Abs. 1 S. 2 AktG normiert darüber hinaus, dass nachteilige Weisungen nur zulässig sind, wenn sie den Belangen des herrschenden Unternehmens oder dem Konzerninteresse dienen. Eine Weisung ist dann nachteilig, wenn ein ordentlicher und gewissenhafter Geschäftsleiter einer unabhängigen Gesellschaft diese nicht getroffen hätte.[60]

67

Die Wirksamkeit der Weisung richtet sich darüber hinaus nach den allgemeinen zivilrechtlichen Schranken der §§ 134, 138 BGB. Insbesondere darf eine Weisung nicht die Änderung, Aufrechterhaltung oder Beendigung des Beherrschungsvertrags zum Gegenstand haben (§ 299 AktG). Unzulässig ist auch eine Weisung, die eine existenzgefährdende oder gar vernichtende Auswirkung auf die abhängige Gesellschaft hat.[61]

68

---

56 Eine Ausnahme für den Aufsichtsrat stellt § 308 Abs. 3 AktG dar.
57 *Emmerich/Habersack*, § 23 Rdnr. 24.
58 So *Emmerich/Habersack*, Konzernrecht, § 23 Rdnr. 22.
59 *Hüffer*, AktG, § 308 Rdnrn. 1 u. 13.
60 Vgl. *Kuhlmann/Ahnis*, Konzern- und Umwandlungsrecht, Rdnr. 605; siehe zur Nachteiligkeit auch Rdnr. 141.
61 H.M., vgl. *Hüffer*, AktG, § 308 Rdnr. 19 m. w. Nachw.

2.3.5 Folgepflicht des Vorstands

69 Der Vorstand hat grundsätzlich sämtliche Weisungen des herrschenden Unternehmens zu befolgen (§ 308 Abs. 2 S. 1 AktG). Dies muss er allerdings nur dann tun, wenn die Weisungen auch rechtmäßig sind. Hieraus wird die Pflicht des Vorstands abgeleitet, die Weisung auf ihre Rechtmäßigkeit hin zu überprüfen.[62] Gemäß § 308 Abs. 2 S. 2 AktG sind auch nachteilige Weisungen zu befolgen, es sei denn, dass sie offensichtlich nicht dem Konzerninteresse entsprechen. Eine solche Offensichtlichkeit liegt dann vor, wenn für jeden Sachkenner der Widerspruch zum Konzerninteresse erkennbar ist, ohne dass er sich weiter mit dem Sachverhalt zu befassen hätte.[63]

Der Vorstand ist demzufolge seiner Gesellschaft auch nicht schadensersatzpflichtig, wenn er eine für sie nachteilige Weisung umsetzt (§ 310 Abs. 3 AktG). Dies ist er nur in dem Falle, in denen er eine rechtswidrige Weisung umsetzt.[64]

Sofern die Befolgung einer Weisung die Zustimmung des Aufsichtsrats der abhängigen Gesellschaft erfordert und dieser sie verweigert, ist die Weisung gleichwohl zu befolgen, wenn das herrschende Unternehmen sie erneut erteilt (§ 308 Abs. 3 AktG).

3. Abschluss, Änderung und Beendigung

70 Der Abschluss, die Änderung und die Beendigung von Beherrschungsverträgen unterliegen den Sonderregelungen der §§ 293-299 AktG.

3.1 Der Abschluss von Beherrschungsverträgen

71 Der Beherrschungsvertrag bedarf der Schriftform. Ferner muss die Hauptversammlung der abhängigen Gesellschaft dem Abschluss des Beherrschungsvertrags zustimmen (vorherige Einwilligung gem. § 183 BGB oder nachträgliche Genehmigung gem. § 184 Abs. 1 BGB). Hierfür genügt eine einfache Stimmenmehrheit (§§ 133 Abs. 1, 278 Abs. 3 AktG) bei einer ¾-Kapitalmehrheit des vertretenen Grundkapitals (§§ 293 Abs. 1 S. 2, 278 Abs. 3 AktG), sofern die Satzung keine höheren Vorgaben macht. Handelt es sich bei der abhängigen Gesellschaft um eine Kommanditgesellschaft auf Aktien, muss darüber hinaus auch der persönlich haftende Gesellschafter zustimmen (§ 285 Abs. 2 S. 1 AktG).

72 Bis zur Eintragung des Beherrschungsvertrags in das Handelsregister kann der Zustimmungsbeschluss noch widerrufen werden. Der Zustimmungsbeschluss unterliegt nicht der allgemeinen materiellen Beschlusskontrolle, da dieses Rechtsinstitut von den Sonderregelungen der §§ 291 ff. AktG verdrängt wird.[65] Ist der Zustimmungsbe-

---

[62] H.M., etwa *Emmerich/Habersack*, Konzernrecht, § 23 Rdnrn. 46 u. 47; *Hüffer*, AktG, § 308 Rdnr. 20.
[63] Vgl. *Hüffer*, AktG, § 308 Rdnr. 22.
[64] Siehe hierzu unten Rdnr. 85.
[65] H.M., vgl. *Hüffer*, AktG, § 293 Rdnr. 7; *Kuhlmann/Ahnis*, Konzern- und Umwandlungsrecht, Rdnr. 1061.

schluss fehlerhaft, kann dies mit einer Anfechtungs- oder Nichtigkeitsfeststellungsklage (§§ 241 ff. AktG) geltend gemacht werden. Sieht die Satzung vor, dass auch der Aufsichtsrat dem Abschluss eines Beherrschungsvertrags zustimmen muss, so entfaltet das Fehlen einer solchen Zustimmung keine Außenwirkung, tangiert mithin nicht die Wirksamkeit des Beherrschungsvertrags.

Auch die Gesellschafterversammlung des herrschenden Unternehmens muss dem Abschluss des Beherrschungsvertrags zustimmen (§ 293 Abs. 2 AktG), da dieser auch für das herrschende Unternehmen weitreichende Konsequenzen nach sich zieht, insbesondere eine unbeschränkte Verlustausgleichspflicht nach § 302 AktG.

Der Beherrschungsvertrag bedarf zu seiner Wirksamkeit schließlich der Eintragung in das Handelsregister der abhängigen Gesellschaft, die gemäß § 294 Abs. 2 AktG konstitutive Wirkung entfaltet.

3.2 Die Änderung von Beherrschungsverträgen

Auch für die Änderung von Beherrschungsverträgen sieht das Gesetz in § 295 AktG erhöhte Anforderungen vor, insbesondere damit die hohen Anforderungen an den Abschluss eines Beherrschungsvertrags nicht umgangen werden können.

Danach muss eine Änderung schriftlich erfolgen. Die Gesellschafterversammlungen der beiden beteiligten Gesellschaften müssen mit ¾-Mehrheit der Änderung zustimmen und die Änderung muss in das Handelsregister der abhängigen Gesellschaft eingetragen werden. Ist eine Änderung der Ausgleichs- und Abfindungsregelungen beabsichtigt, bedarf es darüber hinaus eines Sonderbeschlusses der Betroffenen, also der außenstehenden Aktionäre der abhängigen Gesellschaft (§ 295 Abs. 2 AktG). Der Sonderbeschluss ist in diesem Fall Wirksamkeitsvoraussetzung für die Änderung.

3.3 Die Beendigung von Beherrschungsverträgen

Das Gesetz sieht verschiedene Beendigungstatbestände für den Beherrschungsvertrag vor, insbesondere die Aufhebung und die Kündigung. Auch die Beendigung eines Beherrschungsvertrags ist in das Handelsregister der abhängigen Gesellschaft einzutragen (§ 298 AktG), jedoch hat diese Eintragung lediglich deklaratorische Wirkung.

3.3.1 Aufhebung (§ 296 AktG)

Der Beherrschungsvertrag kann einvernehmlich aufgehoben werden. Die Änderung eines Beherrschungsvertrags kann im Einzelfall eine Aufhebung und Neuabschluss darstellen, wenn der Vertragstyp geändert wird. Eine Aufhebung muss grundsätzlich schriftlich erfolgen und ist prinzipiell nur zum Ende des Geschäftsjahres möglich, nicht aber rückwirkend (§ 296 Abs. 1 AktG). Da die Aufhebung regelmäßig die Ausgleichs- und Abfindungsregelungen tangiert, bedarf es ebenso wie bei der Änderung auch eines Sonderbeschlusses der außenstehenden Aktionäre (§ 296 Abs. 2 AktG). Die Aufhebung bedarf nicht der Zustimmung der Hauptversammlungen der beiden beteiligten Gesellschaften.[66] Nach § 303 Abs. 1 AktG muss das herrschende Unternehmen den Gläubigern der abhängigen Gesellschaft Sicherheit leisten.

3.3.2 Kündigung (§ 297 AktG)

78 Die in § 291 AktG genannten Unternehmensverträge, also auch der Beherrschungsvertrag, sind nur ordentlich kündbar, wenn die Parteien ein solches Kündigungsrecht im Unternehmensvertrag vorgesehen haben.[67] Nach § 297 Abs. 2 AktG ist im Falle einer ordentlichen Kündigung durch die abhängige Gesellschaft ein Sonderbeschluss der außenstehenden Aktionäre erforderlich, weil der betreffende Beherrschungsvertrag Ausgleichs- und Abfindungsregelungen vorsieht.

Sofern ein wichtiger Grund vorliegt, kann der Beherrschungsvertrag außerordentlich gekündigt werden (§ 297 Abs. 1 AktG). Insoweit gilt § 314 Abs. 1 BGB. Ein wichtiger Grund liegt demnach vor, wenn das Vertragsverhältnis derart gestört ist, dass die Fortführung des Beherrschungsvertrags für die kündigende Partei unzumutbar ist. § 297 Abs. 1 AktG führt als wichtigen Grund insbesondere die längerfristige Unfähigkeit des herrschenden Unternehmens, seine vertraglichen Pflichten zu erfüllen auf. Auf ein Verschulden kommt es dabei nicht an.

Die Kündigung eines Beherrschungsvertrags bedarf nicht der Zustimmung der Hauptversammlung.[68] Sie hat schriftlich oder in elektronischer Form zu erfolgen (§ 297 Abs. 3 AktG) und wirkt ex nunc.

3.3.3 Sonstige Beendigungsgründe

79 Beherrschungsverträge können darüber hinaus mit Verschmelzung[69] oder Eingliederung[70] der einen in die andere Vertragspartei enden. In Betracht kommt ferner eine Beendigung durch Zeitablauf. Der Beherrschungsvertrag kann aufgrund seines Organisationscharakters dagegen nicht auflösend bedingt werden.

Nach § 307 AktG endet ein Beherrschungsvertrag auch dann, wenn ein außenstehender Aktionär in die abhängige Gesellschaft eintritt und zum Zeitpunkt der Beschlussfassung über den Beherrschungsvertrag keine außenstehenden Gesellschafter existierten.

Streitig ist, wie mit der Auflösung einer Vertragspartei umzugehen ist. In Betracht kommt etwa, dass über eine Vertragspartei das Insolvenzverfahren eröffnet wird. Die herrschende Meinung geht sowohl im Fall der Liquidation als auch im Fall der Insolvenzeröffnung von einer Beendigung des Beherrschungsvertrags aus.[71]

---

66 *Hüffer*, AktG, § 296 Rdnr. 5.
67 H.M., so etwa *Hüffer*, AktG, § 297 Rdnr. 12; *Altmeppen*, in: MüKo AktG, Bd. 5, 3. Aufl. 2010, § 297 Rdnr. 68; *Emmerich/Habersack*, Konzernrecht, § 19 Rdnrn. 27 ff.; kritisch aber *Kuhlmann/Ahnis*, Konzern- und Umwandlungsrecht, Rdnr. 549.
68 Anders bei der GmbH, siehe hierzu Rdnr. 178.
69 Dazu näher unten Kapitel 7.
70 Dazu näher unten Kapitel 7.
71 Siehe die Nachweise bei *Hüffer*, AktG, § 297 Rdnrn. 22 f.

4. Rechtsfolgen

Der Beherrschungsvertrag ist ein Unternehmensvertrag im Sinne der §§ 291 ff. AktG. Er begründet einen Vertragskonzern. Wichtigste Rechtsfolgen eines Beherrschungsvertrags sind das Weisungsrecht zugunsten des herrschenden Unternehmens sowie die Pflicht zur Verlustübernahme nach § 302 AktG. Darüber hinaus können Schadensersatzansprüche zwischen den Beteiligten entstehen.

4.1 Pflichten und Haftung

4.1.1 Haftung der Geschäftsleitung des herrschenden Unternehmens

Die Geschäftsleiter des herrschenden Unternehmens haften gemäß §§ 309 Abs. 2 u. 1, 308 AktG der abhängigen Gesellschaft für Schäden, die aus einer Verletzung der Pflicht aus § 309 Abs. 1 AktG zur ordnungsgemäßen Konzerngeschäftsführung resultieren. Eine solche Pflichtverletzung liegt etwa bei der Erteilung rechtswidriger Weisungen vor. Daneben kann ein Anspruch auf Schadensersatz gemäß § 117 Abs. 1 S. 1 AktG wegen einer schädlichen Einflussnahme bestehen. Da § 117 Abs. 7 Nr. 1 AktG die Anwendbarkeit für Weisungen aufgrund eines Beherrschungsvertrags ausschließt, kommt ein Schadensersatzanspruch nur für eine Einflussnahme außerhalb des Beherrschungsvertrags in Betracht (etwa bei rechtswidrigen Weisungen oder Weisungen an den Aufsichtsrat).[72] Die abhängige Gesellschaft kann auf den Schadensersatzanspruch nur unter den erhöhten Voraussetzungen des § 309 Abs. 3 AktG verzichten. Der Schadensersatzanspruch kann auch von Aktionären oder Gläubigern unter den Voraussetzungen des § 309 Abs. 4 AktG geltend gemacht werden und verjährt nach fünf Jahren (§ 309 Abs. 5 AktG).

Wenn die Aktionäre der abhängigen Gesellschaft einen Schaden erleiden, der noch über die Vermögensminderung der Gesellschaft hinausgeht, haben auch sie einen Schadensersatzanspruch gegen die Geschäftsleitung (§ 117 Abs. 1 S. 2 AktG).

Die Geschäftsleitung des herrschenden Unternehmens haftet bei Pflichtverletzungen weiter auch gegenüber dem herrschenden Unternehmen im Innenverhältnis (je nach Rechtsform) aus § 280 BGB in Verbindung mit dem Anstellungsvertrag (§§ 93, 116 AktG).

4.1.2 Pflichten und Haftung des herrschenden Unternehmens als solches

Das herrschende Unternehmen trifft zunächst die Pflicht gegenüber der abhängigen Gesellschaft zur vollständigen Verlustübernahme gemäß § 302 Abs. 1 u. 3 AktG. Danach muss die herrschende Gesellschaft einen etwaigen Jahresfehlbetrag bei der abhängigen Gesellschaft ausgleichen. Diese Pflicht stellt mithin das Korrelat zum Weisungsrecht des herrschenden Unternehmens dar und dient damit dem Schutz der abhängigen Gesellschaft.[73]

---

72 Ausführlich hierzu *Kuhlmann/Ahnis*, Konzern- und Umwandlungsrecht, Rdnrn. 764 u. 670.
73 Hierzu *Hüffer*, AktG, § 302 Rdnrn. 2 u. 3.

Darüber hinaus haftet das herrschende Unternehmen auch für durch seine Geschäftsleitung erteilte, rechtswidrige Weisungen. Wenngleich dies im Ergebnis klar ist, ist nicht geklärt, ob ein solcher Anspruch aus §§ 280, 31 BGB analog oder §§ 309 AktG, 31 BGB analog folgt. Voraussetzung in jedem Falle ist jedoch, dass ein Anspruch gegen die Geschäftsleitung aus §§ 309 Abs. 2 u. 1 AktG besteht.[74]

4.1.3 Haftung des Vorstands der abhängigen Gesellschaft

85   Der Vorstand der abhängigen Gesellschaft haftet gemäß § 310 Abs. 1 u. 3 AktG gegenüber der abhängigen Gesellschaft auf Schadensersatz, wenn er die ihm obliegenden Pflichten verletzt. Zu diesen Pflichten gehört es insbesondere, Weisungen nicht zu befolgen, die offensichtlich nicht im Interesse des herrschenden Unternehmens oder im Konzerninteresse sind (§ 308 Abs. 2 S. 2 AktG). Hat die Weisung die Vornahme eines Rechtsgeschäfts zum Gegenstand, das der Zustimmung des Aufsichtsrats der abhängigen Gesellschaft bedarf, gilt § 308 Abs. 3 AktG, wonach der Vorstand dieses Zustimmungsbedürfnis gegenüber dem herrschenden Unternehmen anzuzeigen hat. Die Geschäftsleiter der abhängigen Gesellschaft und des herrschenden Unternehmens haften gesamtschuldnerisch (§ 310 Abs. 1 S. 1 AktG).

Der Vorstand haftet freilich nicht für Schäden, die durch die Befolgung von Weisungen entstanden sind, die für ihn nach § 308 Abs. 2 AktG bindend waren (§ 310 Abs. 3 AktG). Gemäß § 310 Abs. 4 AktG ist § 309 Abs. 3 bis 5 AktG entsprechend anzuwenden.

4.2 Steuerliche Aspekte

86   Ein Beherrschungsvertrag an sich führt noch nicht zu einer steuerlichen Organschaft.[75] Vielmehr bleiben die Vertragsparteien selbständige Steuersubjekte.

4.3 Fehlerhafte Beherrschungsverträge

87   Ein Beherrschungsvertrag ist fehlerhaft, wenn er formelle oder materielle Mängel aufweist. Fraglich ist, welche Rechtsfolgen eine solche Fehlerhaftigkeit nach sich zieht. Aus Gründen des Gläubigerschutzes und um Schwierigkeiten bei der Rückabwicklung zu vermeiden, sind bereits vollzogene Beherrschungsverträge entsprechend der Lehre von der fehlerhaften Gesellschaft[76] trotz Fehlerhaftigkeit grundsätzlich nicht ex tunc nichtig. Sie können in diesem Falle vielmehr durch einseitige Erklärung mit Wirkung für die Zukunft beendet werden.[77] Ein Beherrschungsvertrag gilt als vollzogen, wenn das herrschende Unternehmen dem abhängigen Unternehmen Weisungen bereits erteilt oder Verluste kompensiert hat. Die Rechtsprechung hat jedoch bei besonders

---

74   Vgl. *Kuhlmann/Ahnis*, Konzern- und Umwandlungsrecht, Rdnrn. 654 ff.
75   Hierzu näher Rdnrn. 223 ff.
76   Hierzu *Kuhlmann/Anis*, Konzern- und Umwandlungsrecht, Rdnr. 584.
77   Vgl. BGH NJW 1988, 1326 – Familienheim und OLG Schleswig NZG 2008, 868 (873); *Emmerich/Habersack*, Konzernrecht, § 11 Rdnr. 28.

schwerwiegenden Mängeln die Anwendbarkeit der Lehre von der fehlerhaften Gesellschaft im Einzelfall auch schon verneint, beispielsweise im Falle eines nichtigen oder fehlenden Zustimmungsbeschlusses.[78]

5. Ausgleich und Abfindung

Außenstehenden Gesellschaftern steht eine Abfindungsoption[79] zu: Sie können wählen, ob sie im Konzern bleiben und eine Ausgleichszahlung erhalten oder ausscheiden und eine entsprechende Abfindung erhalten wollen (§ 304 bzw. § 305 AktG). Die Ausgleichszahlung stellt den Ersatz für die nunmehr ausbleibende Dividende, die Abfindung stellt der Sache nach eine Rückzahlung des eingesetzten Kapitals dar.[80]

88

5.1 Angemessener Ausgleich

Zum Schutz außenstehender Aktionäre muss ein Beherrschungsvertrag einen angemessenen Ausgleich für die außenstehenden Aktionäre durch eine auf die Anteile am Grundkapital bezogene wiederkehrende Geldleistung (Ausgleichszahlung) vorsehen (§ 304 Abs. 1 S. 2 AktG). § 304 Abs. 1 u. 2 AktG regelt die Anforderungen an einen solchen Ausgleich. Er soll es den Anteilsinhabern ermöglichen, in der abhängigen Gesellschaft ohne Vermögensnachteile zu verbleiben. Dabei kann sowohl eine feste (§ 304 Abs. 1 u. 2 S. 1 AktG) als auch eine an die künftige Gewinnentwicklung anknüpfende variable Zahlung (§ 304 Abs. 2 S. 2 AktG) vereinbart werden.

89

Sieht der Beherrschungsvertrag keinen Ausgleich gemäß § 304 Abs. 1 AktG vor, ist dieser nichtig (§ 304 Abs. 3 S. 1 AktG). Hält ein außenstehender Aktionär die Ausgleichsregelung lediglich nicht für angemessen, kann er diese im Spruchverfahren gerichtlich überprüfen lassen (§ 304 Abs. 3 S. 3 AktG).[81] Die Wirksamkeit des Vertrages wird hierdurch indes nicht berührt.

90

5.2 Abfindung

Ferner muss der Beherrschungsvertrag eine Verpflichtung enthalten, nach Aufforderung des außenstehenden Aktionärs dessen Anteile gegen eine im Vertrag bestimmte angemessene Abfindung zu erwerben (§ 305 Abs. 1 AktG). Der Anteilsinhaber hat also ein Optionsrecht, welches er innerhalb einer gemäß § 305 Abs. 4 AktG vereinbarten Frist von mindestens zwei Monaten ab Bekanntmachung der Eintragung ausüben kann.

91

Die Abfindung kann je nach Rechtsform der Beteiligten sowohl in Aktien als auch in einer Barzahlung bestehen (§ 305 Abs. 2 AktG). Wenn der andere Vertragsteil eine

92

---

78 Vgl. OLG Zweibrücken FGPrax 2004, 246 (248); OLG Schleswig NZG 2008, 868 (874).
79 So BGH NJW 1997, 2242 (2243).
80 *Emmerich/Habersack*, Konzernrecht, § 21 Rdnr. 2.
81 Vgl. zum Spruchverfahren Rdnrn. 375 ff.

unabhängige und nicht in Mehrheitsbesitz stehende Aktiengesellschaft oder Kommanditgesellschaft auf Aktien ist, können nur Aktien dieses Rechtsträgers als Abfindung vereinbart werden (Nr. 1). Wenn der andere Vertragsteil hingegen eine abhängige oder in Mehrheitsbesitz stehende Aktiengesellschaft oder Kommanditgesellschaft auf Aktien ist, besteht ein Wahlrecht zwischen einer Barabfindung und der Gewährung von Aktien des herrschenden Unternehmens (Nr. 2). Sofern die Nrn. 1 und 2 nicht greifen, ist lediglich eine Barabfindung möglich (Nr. 3).

Die Höhe der Abfindung muss angesichts des Unternehmenswerts der künftig abhängigen Gesellschaft angemessen sein. Sofern Aktien als Abfindung gewährt werden, richtet sich die Angemessenheit gemäß § 305 Abs. 3 S. 1 AktG danach, wie ein Umtauschverhältnis im Rahmen einer Verschmelzung ausfallen würde.[82]

93 Sowohl für die Bar- als auch für Aktienabfindung[83] ist gemäß § 305 Abs. 3 S. 2 AktG auf den Zeitpunkt der Beschlussfassung durch die Hauptversammlung der künftig abhängigen Gesellschaft abzustellen.

Anders als beim Ausgleich führt neben der Unangemessenheit auch das Fehlen der Abfindungsregelung weder zur Anfechtbarkeit (§ 305 Abs. 5 S. 1 AktG) noch zur Nichtigkeit des Vertrags.[84] In beiden Fällen kann eine angemessene Abfindung im Rahmen eines gerichtlichen Spruchverfahrens bestimmt werden. Bei vollständigem Fehlen der Regelung entscheidet das Gericht nicht nur über die Höhe, sondern auch über die Art der Abfindung.[85] Sofern Anteilsinhaber bereits abgefunden wurden, bevor eine höhere Abfindung durch das Gericht bestimmt wird, steht diesen ein Abfindungsergänzungsanspruch zu (§ 13 S. 2 Hs. 2 SpruchG).

6. Besondere Formen von Beherrschungsverträgen

6.1 Teilbeherrschungsverträge

94 Durch einen Teilbeherrschungsvertrag wird die abhängige Gesellschaft nur hinsichtlich ausgewählter Bereiche der Leitung des herrschenden Unternehmens unterworfen. Die Zulässigkeit eines solchen Vertrags wird aus § 308 Abs. 1 S. 2 AktG hergeleitet.[86] Kein (Teil-) Beherrschungsvertrag liegt dagegen vor, wenn das Weisungsrecht ausgeschlossen oder derart eingeschränkt wird, dass die beiden Vertragsparteien faktisch unabhängig voneinander sind.[87]

---

82 Vgl. hierzu Rdnr. 290.
83 *Kuhlmann/Ahnis*, Konzern- und Umwandlungsrecht, Rdnr. 722.
84 Vgl. BGH NJW 1992, 2760 – ASEA/BBC.
85 So *Kuhlmann/Ahnis*, Konzern- und Umwandlungsrecht, Rdnr. 728.
86 *Emmerich/Habersack*, Konzernrecht, § 11 Rdnr. 17 m. w. Nachw.; a.A. aber *Däubler*, NZG 2005, 617 (618); ausführlich auch *Grobecker*, DStR 2002, 1953.
87 Hierzu *Emmerich/Habersack*, Konzernrecht, , § 11 Rdnrn. 15 f. m. w. Nachw.

6.2 Verdeckte Beherrschungsverträge

Von einem verdeckten Beherrschungsvertrag spricht man, wenn dem herrschenden Unternehmen zwar kein Weisungsrecht zugewiesen wird, der Vertrag jedoch auf andere Weise einem Unternehmen eine beherrschende Stellung einräumt, etwa durch die Gewährung umfassender Vetorechte beispielsweise in Sanierungskreditverträgen mit Banken oder Verträgen mit der öffentlichen Hand über die Gewährung von Subventionen. Solche Verträge sind grundsätzlich an den Grenzen der §§ 138, 307, 826 BGB und nicht an den §§ 291 ff. AktG zu messen, wenngleich im Einzelfall zum Schutz der Gesellschaft, ihrer Aktionäre sowie der Gläubiger eine analoge Anwendung einzelner Schutzvorschriften in Betracht kommen kann.[88]

95

7. Grenzüberschreitende Beherrschungsverträge

Unter grenzüberschreitenden Beherrschungsverträgen sind solche Beherrschungsverträge zu verstehen, die als Vertragspartei auch eine ausländische Gesellschaft haben, sei es als herrschendes Unternehmen oder als abhängige Gesellschaft.

96

7.1 Abhängige deutsche Gesellschaft

Fraglich ist zunächst die Zulässigkeit grenzüberschreitender Beherrschungsverträge, wenn die abhängige Gesellschaft eine deutsche Gesellschaft ist. Das deutsche Konzernrecht bezweckt unter anderem den Schutz der abhängigen Gesellschaft sowie deren Gesellschafter und Gläubiger. Gegen eine Zulässigkeit eines solchen grenzüberschreitenden Beherrschungsvertrags könnte daher sprechen, dass insbesondere bei Vereinbarung eines ausländischen Gerichtsstands dieser Schutzzweck ausgehebelt würde.[89] Gegen diese Sichtweise spricht aber schon das in Art. 18 AEUV verankerte Diskriminierungsverbot. Mithin ist von der Zulässigkeit solcher Beherrschungsverträge auszugehen, wobei die schützenden §§ 302-305 AktG fortgelten.[90]

97

7.2 Herrschendes deutsches Unternehmen

Unproblematisch ist dagegen die Zulässigkeit von grenzüberschreitenden Beherrschungsverträgen, bei denen die abhängige Gesellschaft eine ausländische Gesellschaft ist. Denn das deutsche Konzernrecht hat nicht den Schutz ausländischer Gesellschaften sowie deren Gesellschafter und Gläubiger zum Zweck. Anwendbar sind demnach alle diejenigen Regelungen des deutschen Konzernrechts, die das deutsche herrschende Unternehmen betreffen. Die Rechtsposition der abhängigen Gesellschaft richtet sich dagegen nach deren Heimatrecht.

98

---

88 *Hirte/Schall*, Konzern 2006, 243 (246 ff.); ablehnend aber OLG München NZG 2008, 753 – HVB/UniCredit.
89 Hierzu *Selzner/Sustmann*, Konzern 2003, 85 (94 f.) und *Lutter*, in: Lutter/Hommelhoff, Kommentar GmbHG, 17. Aufl. 2009, Anh. § 13 Rdnrn. 93 f.
90 Vgl. BGH NZG 2005, 214 (215).

8. Lernkontrolle

Frage 1: Wie werden außenstehende Aktionäre im Rahmen eines Beherrschungsvertrags geschützt?

Frage 2: Wie wird die abhängige Gesellschaft bei Vorliegen eines Beherrschungsvertrags geschützt?

Frage 3: Welche Zustimmungserfordernisse bestehen für den Abschluss eines Beherrschungsvertrags?

Frage 4: Welche Auswirkung auf den Beherrschungsvertrag hat die Fehlerhaftigkeit eines solchen?

Kapitel 4
Gewinnabführungsvertrag

Literatur: *Kuhlmann/Ahnis*, Konzern- und Umwandlungsrecht, 3. Auflage 2010, § 5 Rdnrn. 614 ff.; *Emmerich/Habersack*, Konzernrecht, 9. Auflage 2008, § 11; *Mühl/Wagenseil*, Der Gewinnabführungsvertrag, NZG 2009, 1253; *Timm*, Grundfälle zum Konzernrecht, JuS 1999, 760 ff.

1. Begriff und gesetzliche Regelung

Ein Gewinnabführungsvertrag ist ein Vertrag, durch den sich eine Aktiengesellschaft oder Kommanditgesellschaft auf Aktien zur Abführung ihres gesamten Gewinnes an ein anderes Unternehmen verpflichtet (§ 291 Abs. 1 S. 1 Alt. 2 AktG).[91] Ihm gleichgestellt ist der sogenannte Geschäftsführungsvertrag, durch den ein Unternehmen sich zur Führung ihrer Geschäfte für fremde Rechnung verpflichtet (§ 291 Abs. 1 S. 2 AktG).[92]

99

Vom Gewinnabführungsvertrag zu unterscheiden ist der Teilgewinnabführungsvertrag gemäß § 292 Abs. 1 Nr. 2 AktG, da nur an ersteren die Rechtsfolgen der §§ 302, 304 AktG geknüpft sind.[93]

Der Gewinnabführungsvertrag ist wie der Beherrschungsvertrag ein Unternehmensvertrag im Sinne der §§ 291-307 AktG und damit auch ein Organisationsvertrag mit schuldrechtlichen Elementen.[94] Daher gelten die Ausführungen zum Beherrschungsvertrag grundsätzlich entsprechend.

100

Der Gewinnabführungsvertrag ist vor allem steuerlich relevant, da er notwendige Voraussetzung für eine ertragsteuerliche Organschaft ist.

2. Voraussetzungen

Ein Gewinnabführungsvertrag nach § 291 Abs. 1 S. 1. Alt. 1 AktG liegt vor, wenn
(1) eine Aktiengesellschaft oder Kommanditgesellschaft auf Aktien
(2) sich zur Abführung des gesamten Gewinns
(3) an ein anderes Unternehmen
verpflichtet.

101

Der Gewinnabführungsvertrag ändert den Unternehmenszweck: Stand zunächst das gemeinsame Interesse der Gesellschafter an der Gewinnerzielung im Mittelpunkt, wird der Unternehmenszweck nun auf das gewinnberechtigte Unternehmen ausgerichtet.[95]

102

---

[91] Zur Veranschaulichung findet sich ein Muster eines Beherrschungs- und Gewinnabführungsvertrages unter Rdnr. 401.
[92] Zur Abgrenzung *Kuhlmann/Ahnis*, Konzern- und Umwandlungsrecht, Rdnrn. 618 ff.
[93] *Emmerich/Habersack*, Konzernrecht, § 14 Rdnr. 13; zum Teilgewinnabführungsvertrag Rdnrn. 121 ff.
[94] *Emmerich/Habersack*, Konzernrecht, § 12 Rdnr. 4.
[95] *Mühl/Wagenseil*, NZG 2009, 1253 (1254).

2.1 Beteiligte

103 An einem Gewinnabführungsvertrag kann sich als verpflichtetes Unternehmen grundsätzlich eine Aktiengesellschaft oder Kommanditgesellschaft auf Aktien beteiligen. Auch eine Gesellschaft mit beschränkter Haftung kann verpflichtete Gesellschaft sein, sofern dem keine rechtsformspezifischen Besonderheiten entgegenstehen.[96] Berechtigt hingegen kann jedes Unternehmen ohne Ansehen der Rechtsform sein.

2.2 Inhalt

104 In Abweichung zum Beherrschungsvertrag ist zentraler Inhalt dieses Vertrags die Pflicht zur Abführung des gesamten Gewinns an das berechtigte Unternehmen. Aufgrund der mit diesem Recht korrespondierenden Verlustübernahmepflicht gemäß § 302 AktG wird der Vertrag auch als Ergebnisabführungsvertrag bezeichnet.[97] Der Höchstbetrag der Gewinnabführung ist gemäß § 301 AktG der Bilanzgewinn, der sich ohne Bestehen eines Gewinnabführungsvertrags ergäbe (sog. fiktiver Bilanzgewinn).[98] Hiervon sind weiter der Verlustvortrag des Vorjahres, der Beitrag zur gesetzlichen Rückstellung sowie der nach § 268 Abs. 8 HGB ausschüttungsgesperrte Betrag abzuziehen.

3. Abschluss, Änderung und Beendigung

105 Für Abschluss, Änderung und Beendigung eines Gewinnabführungsvertrags gilt das zum Beherrschungsvertrag Gesagte entsprechend.[99]

4. Rechtsfolgen

106 Die spezifischen Auswirkungen des Gewinnabführungsvertrages betreffen insbesondere das Gebiet des Steuerrechts.

4.1 Keine Abhängigkeit im Sinne von §§ 17, 18 AktG

107 Anders als der Beherrschungsvertrag begründet der Gewinnabführungsvertrag kein Weisungsrecht gegenüber dem verpflichteten Unternehmen und damit auch keine Abhängigkeit im Sinne der §§ 17, 18 AktG. Allerdings werden in Praxis häufig Gewinnabführungs- und Beherrschungsverträge miteinander kombiniert, so dass gleichwohl eine Abhängigkeit nach §§ 17, 18 AktG gegeben ist.[100]

---

96 *Emmerich/Habersack*, Kommentar Aktien- und GmbH-Konzernrecht, 6. Aufl. 2010, § 291 Rdnr. 66 (mit Hinweis auf § 30 I 2 GmbHG); *Mühl/Wagenseil*, NZG 2009, 1253 (1253); hierzu ausführlich Kapitel 9.
97 Vgl. etwa *Kuhlmann/Anis*, Konzern- und Umwandlungsrecht, Rdnr. 616.
98 *Hüffer*, Kommentar AktG, 10. Aufl. 2012, § 291 Rdnr. 26.
99 Siehe Rdnrn. 70 ff.
100 *Emmerich/Habersack*, Konzernrecht, § 12 Rdnr. 5.

4.2 Auffüllung der Rücklage

Um dem Schutz von Gesellschaftern und Gläubigern des verpflichteten Unternehmens Rechnung zu tragen, ordnet § 300 Nr. 1 AktG in Modifikation des § 150 Abs. 2 AktG eine Sonderregelung für Rücklagen an. Diese sind hiernach über den Betrag nach § 150 Abs. 2 AktG hinaus nach den Vorgaben des § 300 Nr. 1 AktG zu erhöhen, um eine Aushöhlung des Gesellschaftsvermögens durch die Abführung des gesamten Gewinns zu verhindern.[101] Dies gilt jedoch nicht, wenn es sich bei der verpflichteten Partei um eine Gesellschaft mit beschränkter Haftung handelt, da für diese eine grundsätzliche Pflicht zur Bildung von Rücklagen nicht besteht; § 300 Nr. 1 AktG ist auf die Gesellschaft mit beschränkter Haftung nicht anwendbar.[102]

108

4.3 Steuerliche Organschaft[103]

Vor allem in steuerlicher Hinsicht ist der Gewinnabführungsvertrag von erheblicher Bedeutung, da er gemäß §§ 14, 17 KStG Voraussetzung für das Vorliegen einer ertragsteuerlichen Organschaft ist. Eine solche bedeutet die Eingliederung eines rechtlich selbständigen Unternehmens in ein anderes Unternehmen, so dass Gewinne und Verluste der Organgesellschaft dem Organträger zugerechnet werden (Prinzip der Einkommenszusammenrechnung).[104] Hierdurch lässt sich unter anderem sowohl eine sofortige Verlustverrechnung realisieren als auch Auszahlungen an den Organträger – de facto Dividenden – steuerfrei stellen.

109

Neben dem Vorliegen eines wirksamen Gewinnabführungsvertrags sind auf steuerrechtlicher Ebene die weiteren Voraussetzungen der §§ 14, 17 KStG zu beachten. So muss der Gewinnabführungsvertrag zunächst für mindestens fünf Jahre abgeschlossen und tatsächlich durchgeführt werden. Gemäß § 17 KStG ist sowohl die sich aus § 301 AktG ergebende Abführungssumme strikt zu beachten als auch die Verlustübernahme gemäß § 302 AktG ausdrücklich zu vereinbaren.[105] Wenngleich letzteres steuerrechtlich zwingend geboten ist, besteht gesellschaftsrechtlich ein Gewinnabführungsvertrag auch ohne diese explizite Vereinbarung.

110

Für das Vorliegen einer ertragsteuerlichen Organschaft unerheblich ist die Existenz eines Beherrschungsvertrags (vgl. § 14 Abs. 1 KStG).

---

101 *Kuhlmann/Ahnis*, Konzern- und Umwandlungsrecht, Rdnrn. 627 ff.
102 *Emmerich/Habersack*, Kommentar Aktien- und GmbH-Konzernrecht, § 300 Rdnr. 5.
103 Vgl. hierzu auch *Kaeser*, Beihefter zu DStR 30 2010, 56.
104 So *Mühl/Wagenseil*, NZG 2009, 1253; näher zur Organschaft *Birk*, Steuerrecht, 14. Aufl. 2011, Rdnr. 1220.
105 Die Anwendbarkeit von § 17 S. 2 Nr. 2 KStG auf die GmbH ist umstr., vgl. hierzu *Hohage/ Willkommen*, BB 2011, 224.

5. Besondere Formen des Gewinnabführungsvertrags

111 Neben der dargestellten Grundform existieren weiter die praktisch relevante Sonderform des isolierten Gewinnabführungsvertrags sowie reine Verlustdeckungszusagen.[106]

5.1 Isolierte Gewinnabführungsverträge

112 Als isoliert bezeichnet man einen Gewinnabführungsvertrag, wenn dieser ohne einen parallel abgeschlossenen Beherrschungsvertrag geschlossen wird. Wenngleich Uneinigkeit über die gesellschaftsrechtliche Zulässigkeit eines solchen Vertrags besteht,[107] ermöglicht diese Sonderform die Eingehung einer ertragsteuerlichen Organschaft, ohne dabei gleichzeitig einen Konzern zu begründen. Haftungsrechtlich sind – neben den allgemeinen Vorschriften (etwa Verlustübernahme und Abfindungs-/Ausgleichsansprüche) – seitens des berechtigten Unternehmens die §§ 311, 317 AktG zu beachten, sofern ein (faktisches) Abhängigkeitsverhältnis im Sinne der §§ 17, 18 AktG gegeben ist.

5.2 Reine Verlustdeckungszusagen

113 Verträge, die alleine der Verlustübernahme dienen, ohne einen Anspruch auf den Gewinn zu begründen, sind – soweit man deren Zulässigkeit bejaht – jedenfalls nicht vom Anwendungsbereich der §§ 291, 293 AktG erfasst[108] und können damit ohne Beteiligung der Hauptversammlung abgeschlossen werden.[109] Es handelt sich dabei also nicht um einen Unternehmensvertrag im Sinne des Aktienrechts, sondern um einen Vertrag sui generis (§ 311 Abs. 1 BGB).

6. Lernkontrolle

Frage 1: Was ist der Hauptunterschied zwischen einem Gewinnabführungs- und einem Beherrschungsvertrag?

Frage 2: Was ist das Hauptmotiv für den Abschluss eines Gewinnabführungsvertrags?

Frage 3: Wird durch Abschluss eines Gewinnabführungsvertrags ein Konzern im Sinne des § 18 AktG gegründet?

---

106 Zur umstr. Konstruktion eines Vertrages zu Gunsten der Muttergesellschaft zwischen Tochter- und Enkelgesellschaft vgl. *Emmerich/Habersack*, Konzernrecht, § 12 Rdnrn. 11 f.
107 *Emmerich/Habersack*, Konzernrecht, § 12 Rdnr. 13 m. w. Nachw.
108 So die h.M., vgl. *Hüffer*, AktG, § 291 Rn. 28; *Emmerich/Habersack*, Konzernrecht, § 12 Rdnr. 16.
109 OLG Celle, AG 1994, 266 (268).

Kapitel 5
Sonstige Unternehmensverträge

Literatur: *Kuhlmann/Ahnis*, Konzern- und Umwandlungsrecht, 3. Auflage 2010, § 5 Rdnrn. 468 ff.; *Emmerich/Habersack*, Konzernrecht, 9. Auflage, 2008, §§ 13-15.

1. Überblick

Neben den in § 291 AktG geregelten Gewinnabführungs- und Beherrschungsverträgen regelt § 292 AktG drei weitere Arten von Unternehmensverträgen. Dies sind die Gewinngemeinschaft, der Teilgewinnabführungsvertrag sowie der Vertrag zur Überlassung eines Unternehmens. Darüber hinaus werden in der Praxis noch sogenannte Management-Verträge geschlossen. 114

Die Unterscheidung in zwei Gruppen von Unternehmensverträgen hängt mit der gesetzgeberischen Konzeption zusammen: Da die Verträge gemäß § 291 prinzipiell einseitig ein Unternehmen bevorzugen, bestehen neben den allgemeinen noch besondere Schutzvorschriften zugunsten des verpflichteten Unternehmens (§§ 300 ff. AktG). Verträge im Sinne von § 292 AktG hingegen sind Austauschverträge und bauen daher auf der Annahme eines ausgeglichenen Synallagmas auf.[110] Daher sind auf sie grundsätzlich nur die allgemeinen Regeln der §§ 293-299 AktG (für Abschluss, Änderung etc.) anwendbar.[111]

Anders als bei Gewinnabführungs- und Beherrschungsverträgen im Sinne des § 291 AktG bedarf es für die Eingehung der in § 292 AktG genannten Unternehmensverträge lediglich der Zustimmung der Hauptversammlung der verpflichteten Untergesellschaft (§ 293 Abs. 1 AktG) und nicht auch derjenigen der Obergesellschaft. Daher ist die Abgrenzung zwischen den in §§ 291, 292 AktG geregelten Vertragstypen wichtig. Stimmt nur die Hauptversammlung der Untergesellschaft dem Vertragsschluss zu, handelt es sich inhaltlich jedoch (auch) um einen solchen im Sinne des § 291 AktG, etwa weil umfassende Weisungsrechte eingeräumt werden, ist der Vertrag wegen Missachtung des § 293 Abs. 2 AktG unwirksam.[112] 115

2. Gewinngemeinschaft

Im Rahmen einer Gewinngemeinschaft gemäß § 292 Abs. 1 Nr. 1 AktG werden die Gewinne mehrerer Quellen zusammengelegt und wieder aufgeteilt.[113] Da die Gewinngemeinschaft für eine steuerliche Organschaft nach § 14 KStG nicht mehr anerkannt wird, ist die praktische Bedeutung mittlerweile gering.[114] 116

---

110 *Emmerich/Habersack*, Konzernrecht, § 13 Rdnr. 2.
111 Diese Systematik durchbrechen die §§ 300 Nr. 2, 301 u. 302 Abs. 2 AktG.
112 Vgl. *Hüffer*, Kommentar AktG, 10. Aufl. 2012, § 293 Rdnr. 12.
113 *Kuhlmann/Ahnis*, Konzern- und Umwandlungsrecht, Rdnr. 468.
114 *Altmeppen*, in: MüKo AktG, Bd. 5, 3. Aufl. 2010, § 292 Rdnr. 10.

2.1 Wirksamkeitsvoraussetzungen

117 Für die Wirksamkeit gelten grundsätzlich die allgemeinen Vorschriften für Unternehmensverträge.[115]

2.2 Vertragsinhalt

118 Der Vertrag muss regeln, welcher Gewinnanteil vergemeinschaftet wird und von vornherein einen festen Schlüssel vorsehen, nach welchem die gemeinsame Gewinnsumme aufzuteilen ist. Erforderlich ist – auch zur Abgrenzung zum Gewinnabführungsvertrag – die freie Verfügungsgewalt eines jeden Beteiligten über den aufgeteilten Gewinn.[116]

2.3 Abgrenzungen

119 Keine Gewinngemeinschaft liegt vor bei einem Weisungsrecht eines Beteiligten (etwa hinsichtlich der Gewinnverwendung; dann Beherrschungsvertrag) oder wenn der gesamte Gewinn abgeführt wird (dann Gewinnabführungsvertrag).[117]

2.4 Unangemessene Aufteilung

120 Beinhaltet der Vertrag über die Gewinngemeinschaft eine unangemessene Aufteilung des Gewinns, kann dies zivil- und steuerrechtliche Konsequenzen nach sich ziehen.

Für die Beurteilung der Unangemessenheit ist darauf abzustellen, ob die Quote zur Vergemeinschaftung des Gewinns in etwa den Rückflüssen entspricht, wobei gewisse Abweichungen unschädlich sind und in der Natur der Sache liegen.[118]

Wenn das begünstigte Unternehmen ein Gesellschafter der benachteiligten Gesellschaft ist, stellt die unangemessene Aufteilung eine verdeckte Gewinnausschüttung dar und der Vertrag über die Gewinngemeinschaft ist gemäß § 134 BGB in Verbindung mit §§ 57, 58, 60 AktG nichtig. Die Rückabwicklung erfolgt nach § 62 AktG und darüber hinaus grundsätzlich nicht nach §§ 812 ff. BGB, da die Gewinngemeinschaft eine Gesellschaft bürgerlichen Rechts (§§ 705 ff. BGB) darstellt und damit die Grundsätze über die fehlerhafte Gesellschaft greifen.[119]

Wenn das begünstigte Unternehmen kein Gesellschafter ist, lässt eine etwaige Unangemessenheit der Aufteilung die Wirksamkeit unberührt.[120]

---

115 Siehe Rdnrn. 70 ff.
116 *Hüffer*, AktG, § 292 Rdnr. 9.
117 *Emmerich/Habersack*, Konzernrecht, § 13 Rdnr. 8.
118 *Altmeppen*, in: MüKo AktG, § 292 Rdnr. 84.
119 *Hüffer*, AktG, § 292, Rdnr. 11.
120 Eventuell bestehen jedoch Schadensersatzansprüche gegen Vorstand und Aufsichtsrat gem. §§ 93, 116 AktG.

3. Teilgewinnabführungsvertrag

Im Rahmen eines Teilgewinnabführungsvertrages gemäß § 292 Abs. 1 Nr. 2 AktG verpflichtet sich eine der Parteien dazu, einen Teil ihres Gewinns oder den Gewinn einzelner Betriebsteile an seinen Vertragspartner abzuführen.[121]

121

Der Hauptanwendungsfall des Teilgewinnabführungsvertrags ist die stille Gesellschaft, also eine Personengesellschaft, bei der sich der stille Gesellschafter durch Einbringung einer Einlage in das Vermögen des Inhabers eines Handelsgewerbes an deren Gewinn beteiligt (§ 230 HGB).[122]

Ausdrücklich vom Regelungsinstitut ausgenommen sind gemäß § 292 Abs. 2 AktG unter anderem Gewinnbeteiligungen für Vorstände und Aufsichtsräte.[123]

3.1 Hintergrund der Regelung

Sinn und Zweck der Regelung über den Teilgewinnabführungsvertrag ist der Schutz der Hauptversammlung und damit der Aktionäre[124]: Dieser steht grundsätzlich gemäß § 174 AktG die Entscheidung über die Verwendung des Gewinns zu. Sofern dieses Recht vertraglich eingeschränkt wird, ist hierfür im Gegenzug die Zustimmung der Hauptversammlung gemäß § 293 Abs. 1 AktG erforderlich.

122

Um diesem Schutzzweck des Vertrags nachzukommen, ist der Vertragstyp, aufgrund dessen der Gewinn abgeführt wird, unerheblich – entscheidend für das Vorliegen eines Teilgewinnabführungsvertrages ist die Frage, ob durch den Vertrag ein Teil des Gewinnes abgeführt wird und damit in das Recht der Hauptversammlung eingegriffen wird.[125] Teilgewinnabführungsverträge können beispielsweise Darlehens- oder Mietverträge sein.

Ähnlich wie bei der Gewinngemeinschaft stellen sich auch bei einem Teilgewinnabführungsvertrag oftmals Abgrenzungsfragen. Ein Teilgewinnabführungsvertrag liegt vor, wenn ein Teil, aber nicht der gesamte Gewinn abgeführt wird. Wenn der gesamte Gewinn abgeführt wird, kann, je nachdem ob eine Gegenleistung vereinbart wurde oder nicht, ein Betriebsüberlassungsvertrag (§ 292 Abs. 1 Nr. 3 AktG) oder ein Gewinnabführungsvertrag vorliegen.

3.2 Angemessenheit der Gegenleistung

Beinhaltet der Teilgewinnabführungsvertrag eine unangemessen niedrige Gegenleistung für die Abführung des Teilgewinns, kann dies ebenso wie bei der Gewinngemeinschaft zivil- und steuerrechtliche Konsequenzen nach sich ziehen.

123

---

121 *Kuhlmann/Ahnis*, Konzern- und Umwandlungsrecht, Rdnr. 468.
122 BGH WM 1976, 1030 (1031); vgl. zur stillen Gesellschaft *Eisenhardt/Wackerbarth*, Gesellschaftsrecht I – Recht der Personengesellschaften, 15. Aufl. 2011, § 28.
123 Tantiemen gem. §§ 87, 113 Abs. 3 AktG.
124 *Emmerich/Habersack*, Konzernrecht, § 14 Rdnr. 2.
125 *Emmerich/Habersack*, Konzernrecht, § 14 Rdnr. 2.

Für die Frage der Angemessenheit der Gegenleistung wird überwiegend auf die Beurteilung eines vernünftigen Kaufmannes zum Zeitpunkt des Vertragsschlusses abgestellt und der Vertrag insoweit nur einer eingeschränkten gerichtlichen Kontrolle unterworfen.[126]

Sofern die Gegenleistung vollständig fehlt oder nach oben genannten Maßstäben unangemessen ist, ist der Vertrag ebenso wie die Gewinngemeinschaft wegen Vorliegen einer verdeckten Gewinnausschüttung nichtig. Die Rückabwicklung erfolgt nach § 62 AktG sowie für die Gegenseite nach §§ 812 ff. BGB. Es besteht kein Rechtsgrund, weil es sich um einen Austauschvertrag und gerade nicht um eine Gesellschaft bürgerlichen Rechts handelt.[127]

4. Gebrauchsüberlassungsverträge

124 Schließlich erfasst § 292 Abs. 1 Nr. 3 AktG Verträge, die auf die Überlassung eines Unternehmens oder einzelner Betriebe gerichtet sind. Dies sind die namentlich genannten Verträge zur Betriebspacht und -überlassung sowie der Betriebsführungsvertrag.

4.1 Betriebspachtvertrag

125 Gemäß § 292 Abs. 1 Nr. 3 AktG in Verbindung mit § 581 BGB liegt ein Betriebspachtvertrag dann vor, wenn das verpflichtete Unternehmen gegen Zahlung eines Entgelts dem berechtigten Unternehmen die Nutzung seines ganzen Unternehmens gewährt.[128] Das berechtigte Unternehmen wird daher als „Rentnergesellschaft"[129] bezeichnet, da das gesamte operative Geschäft nunmehr vom Betriebspächter übernommen wird.

4.1.1 Abgrenzung

126 Kein Betriebspachtvertrag im Sinne des § 292 AktG liegt vor, wenn nicht das ganze Unternehmen überlassen wird (dann lediglich normaler Pachtvertrag i.S.v. § 581 BGB) oder die Überlassung unentgeltlich erfolgt (dann evtl. Betriebsüberlassungsvertrag gem. § 292 Abs. 1 Nr. 3 AktG).

4.1.2 Angemessenheit der Pacht

127 Für den Fall, dass die Gegenleistung (also der Pachtzins) unangemessen – was sich etwa durch Vergleich mit dem marktüblichen Pachtzins[130] oder dem erwarteten Ertragswert[131] ermitteln lässt – ist, unterscheiden sich die Rechtsfolgen von denen der restlichen Verträge des § 292 Abs. 1 AktG.

---

126 *Veil*, in: Spindler/Stilz, Kommentar AktG, Bd. 2, 2. Aufl. 2010, § 292 Rdnrn. 18-20; *Altmeppen*, in: MüKo AktG, § 292 Rdnr. 84; strenger hingegen *Emmerich/Habersack*, Konzernrecht, § 14 Rdnr. 14.
127 *Hüffer*, AktG, § 292 Rdnr. 16.
128 *Emmerich/Habersack*, Konzernrecht, § 15 Rdnr. 8.
129 So etwa *Emmerich/Habersack*, Konzernrecht, § 15 Rdnr. 8; *Altmeppen*, in: MüKo AktG, § 292 Rdnr. 97.
130 *Altmeppen* in: MüKo AktG, § 292 Rdnr. 114; *Emmerich/Habersack*, Konzernrecht, § 15 Rdnr. 14.
131 *Hüffer*, AktG, § 292 Rdnr. 25.

So tritt aufgrund der Sonderregel des § 292 Abs. 3 S. 1 AktG keine Nichtigkeit wegen eines Verstoßes gegen §§ 57, 58, 60 AktG ein.[132] Allerdings hat das benachteiligte Unternehmen einen Ausgleichsanspruch in Höhe der Unangemessenheit (§ 302 Abs. 3 AktG).

4.2 Betriebsüberlassungsvertrag

Im Unterschied zum Betriebspachtvertrag führt im Rahmen des Betriebsüberlassungsvertrags gemäß § 292 Abs. 1 Nr. 3 AktG der Übernehmende die Geschäfte der überlassenden Gesellschaft in deren Namen fort, tritt also nicht selbst nach außen auf. Rechtlich ist dieser Vertrag im Bereich des Auftrags angesiedelt.[133]

128

Darüber hinaus gilt das zum Betriebspachtvertrag Gesagte entsprechend.

4.3 Betriebsführungsvertrag

Bei einem Betriebsführungsvertrag führt ein Unternehmen ein anderes Unternehmen für dessen Rechnung und in dessen Namen. Ein Beispiel hierfür stellt der Einkauf von Management-Leistungen dar, weshalb der Betriebsführungsvertrag auch als Management-Vertrag bezeichnet wird. Im Verhältnis beider Gesellschaften kann hierbei ein Auftrag gemäß § 662 BGB oder – im Falle von Entgeltlichkeit – ein Geschäftsbesorgungsvertrag gemäß §§ 675, 662 BGB bestehen.

129

Da das Aktienrecht den Betriebsführungsvertrag nicht ausdrücklich regelt, wird er zumindest für den Fall, dass ein abhängiges Unternehmen überlassen wird, dem Zustimmungserfordernis des § 293 AktG in analoger Anwendung von § 292 Abs. 1 Nr. 3 AktG unterworfen; andernfalls gelten die allgmeinen zivilrechtlichen Regelungen des BGB.[134]

5. Lernkontrolle

Frage 1: Worin besteht der wesentliche Unterschied bei den Wirksamkeitsvoraussetzungen der Verträge nach § 291 AktG und § 292 AktG?

Frage 2: Warum unterliegen die in § 291 AktG geregelten Verträge strengeren Voraussetzungen als die des § 292 AktG?

Frage 3: Was ist Gegenstand eines Pachtvertrages im Sinne von § 581 BGB, eines Betriebspachtvertrags und eines Betriebsüberlassungsvertrags?

Frage 4: Welche Rechtsfolge zieht die Unangemessenheit des Pachtzinses im Rahmen eines Betriebspachtvertrags nach sich?

---

132 Möglich bleibt nach Satz 1 jedoch die Anfechtung etwaiger Beschlüsse der Hauptversammlung; hierzu *Emmerich/Habersack*, Konzernrecht, § 15 Rdnr. 3 sowie Kapitel 21.
133 *Emmerich/Habersack*, Konzernrecht, § 15 Rdnr. 18.
134 Ausführlich zum Betriebsführungsvertrag *Emmerich/Habersack*, Konzernrecht, § 15 Rdnrn. 19 ff.

Kapitel 6
Faktischer Konzern

Literatur: *Kuhlmann/Ahnis*, Konzern- und Umwandlungsrecht, 3. Auflage 2010, § 3 Rdnrn. 99 ff.; *Emmerich/Habersack*, Konzernrecht, 9. Auflage 2008, §§ 24-28; *Stöcklhuber*, Dogmatik der Haftung im faktischen AG-Konzern, Konzern 2011, 253 ff.; *Timm*, Grundfälle zum Konzernrecht, JuS 1999, 867 ff.

1. Begriff und Zweck

130 Ein faktischer Konzern liegt vor, wenn ein herrschendes Unternehmen auf die abhängige Gesellschaft einen tatsächlichen Einfluss ausübt, ohne dass ein Beherrschungsvertrag im Sinne von § 291 AktG vorliegt. Das Gesetz regelt den faktischen Konzern in den §§ 311 ff. AktG.

Die §§ 311 ff. AktG dienen in erster Linie dem Schutz der abhängigen Gesellschaft, ihrer außenstehenden Aktionäre sowie ihrer Gläubiger. Im Gegenzug privilegiert das Gesetz aber auch das herrschende Unternehmen, indem es eine nachteilige Einflussnahme auf die abhängige Gesellschaft gestattet, damit eine Interessengleichschaltung beider Unternehmen ermöglicht wird, und eine Haftung aus § 117 AktG verdrängt, sofern nur ein Nachteilsausgleich nach § 311 Abs. 2 AktG stattfindet.

2. Voraussetzungen

131 Die Voraussetzungen für das Bestehen eines faktischen Konzerns sind demnach, dass

(1) eine Aktiengesellschaft oder eine Kommanditgesellschaft auf Aktien
(2) von einem anderen Unternehmen
(3) abhängig i.S.v. § 17 AktG ist,
(4) ohne dass ein Beherrschungsvertrag (§ 291 AktG) besteht oder eine Eingliederung (§ 323 Abs. 1 S. 3 AktG) durchgeführt wurde.

2.1 Die Beteiligten

132 Abhängige Gesellschaft kann nach § 311 Abs. 1 AktG eine Aktiengesellschaft oder eine Kommanditgesellschaft auf Aktien sein. Auch eine in Deutschland gegründete Societas Europaea kommt als abhängige Gesellschaft in Betracht,[135] nicht jedoch ausländische Gesellschaften, mögen sie auch ihren Sitz im Inland haben. Auf die Gesellschaftsform des herrschenden Unternehmens kommt es dagegen nicht an.

---

135 Näher *Habersack*, ZGR 2003, 724.

2.2 Abhängigkeitsverhältnis und Leitungsmacht

Ob ein Abhängigkeitsverhältnis zwischen den Beteiligten besteht, richtet sich nach § 17 AktG.[136] Anders als beim Vertragskonzern verbleibt die Leitungsmacht in einem faktischen Konzern beim Vorstand der abhängigen Gesellschaft. Es gilt weiterhin § 76 Abs. 1 AktG. Die §§ 311 ff. AktG berechtigen den Vorstand lediglich, nach den Vorgaben des herrschenden Unternehmens zu handeln, verpflichten ihn hierzu jedoch nicht. Will das herrschende Unternehmen dagegen sein Konzerninteresse auch auf der Ebene der abhängigen Gesellschaft einseitig gegen dessen Willen durchsetzen, muss es mit der abhängigen Gesellschaft einen Beherrschungsvertrag abschließen, sodass letzteres weisungsgebunden ist. Denn im faktischen Konzern besteht kein Weisungsrecht, sondern lediglich die faktische Möglichkeit Weisungen zu erteilen.

133

2.3 Kein Beherrschungsvertrag; keine Eingliederung; Vorliegen anderer Unternehmensverträge

Die Beteiligten dürfen keinen Beherrschungsvertrag i.S.v. § 291 AktG geschlossen haben.[137] Andere Unternehmensverträge (vgl. § 292 AktG) stehen der Anwendung der §§ 311 ff. AktG jedoch nicht entgegen. Für den Fall eines isolierten Gewinnabführungsvertrags im Sinne von § 311 Abs. 1 AktG enthält § 316 AktG eine Sonderregelung, wonach die § 312-315 AktG in diesem Fall nicht anwendbar sind.

134

2.4 Mehrstufige Unternehmensverbindungen

Bei mehrstufigen Abhängigkeiten finden die §§ 311 ff. AktG Anwendung. Das gilt sowohl für die unmittelbaren Abhängigkeitsverhältnisse zwischen Mutter- und Tochtergesellschaft als auch für die mittelbaren Abhängigkeitsverhältnisse, wie etwa zwischen Mutter- und Enkelgesellschaft. Ein Beherrschungsvertrag schließt die Anwendung der §§ 311 ff. AktG nur für dasjenige Abhängigkeitsverhältnis aus, das durch den Beherrschungsvertrag geregelt wird.

135

3. Rechtsfolgen

Die Rechtsfolgen bei Vorliegen eines faktischen Konzerns sind in den §§ 311-318 AktG geregelt. Es sind dies im Wesentlichen:

136

(1) Das herrschende Unternehmen muss Nachteile ausgleichen, die der abhängigen Gesellschaft durch die Veranlassung des beherrschenden Unternehmens entstanden sind (§§ 311 ff. AktG) und
(2) der Vorstand der abhängigen Gesellschaft muss einen Abhängigkeitsbericht erstellen (§ 312 AktG bis § 316 AktG).

---

136 Siehe insoweit ausführlich oben Rdnrn. 22 ff.
137 Hierzu näher oben Rdnrn. 50 ff.

3.1 Nachteilsausgleichspflicht

137 Nimmt die herrschende Gesellschaft Einfluss auf die abhängige Gesellschaft und veranlasst letztere, ein für sie nachteiliges Rechtsgeschäft abzuschließen oder eine sonstige nachteilige Maßnahme (Handeln oder Unterlassen) durchzuführen, muss das herrschende Unternehmen den dadurch erlittenen Nachteil ausgleichen (§§ 311, 317 AktG).

3.1.1 Einflussnahme; Veranlassung

138 Der Begriff der Einflussnahme beziehungsweise Veranlassung ist weit zu fassen. Erfasst werden sowohl Vereinbarungen und Weisungen als auch bloße Empfehlungen, Anregungen und Richtlinien. In Betracht kommt auch, dass das herrschende Unternehmen die abhängige Gesellschaft veranlasst, ersterem Vollmacht zu erteilen, sodass das herrschende Unternehmen als Vertreter der abhängigen Gesellschaft das nachteilige Rechtsgeschäft vornimmt.

139 Veranlassender kann ein gesetzlicher Vertreter oder auch Angestellter des herrschenden Unternehmens sein, sofern diese aus der Perspektive der abhängigen Gesellschaft den Willen des herrschenden Unternehmens repräsentieren. Ein Veranlassungsbewusstsein ist nicht erforderlich. Es genügt, wenn die betreffende Handlung zumindest mitursächlich für den Eintritt des Nachteils war.[138] Veranlassungsadressaten können der Vorstand oder Angestellte der abhängigen Gesellschaft sein. Eine Veranlassung kann auch bei einer personellen Verflechtung beider Unternehmen vorliegen. So werden in der Praxis beispielsweise häufig Vertreter des herrschenden Unternehmens in den Aufsichtsrat der abhängigen Gesellschaft entsandt.

140 Die Erscheinungsformen einer Veranlassung sind vielfältig. Meist fehlt es an einer Niederschrift und es handelt sich nur um mündliche, informelle Äußerungen. Der Nachweis einer Veranlassung kann im Einzelfall daher schwierig sein. Der abhängigen Gesellschaft, außenstehenden Aktionären und Gläubigern der Gesellschaft werden daher Beweiserleichterungen zuerkannt. Die herrschende Literatur[139] lässt insoweit einen Beweis des ersten Anscheins genügen, während eine andere Ansicht[140] demgegenüber von einer Veranlassungsvermutung ausgeht, die das herrschende Unternehmen widerlegen kann.

3.1.2 Nachteil

141 Durch das veranlasste Rechtsgeschäft beziehungsweise die veranlasste Maßnahme muss die abhängige Gesellschaft einen Nachteil erleiden. Ein Nachteil ist „jede Minderung oder konkrete Gefährdung der Vermögens- oder Ertragslage der Gesellschaft ohne Rücksicht auf Quantifizierbarkeit, soweit sie als Abhängigkeitsfolge eintritt".[141]

---

138 LG Bonn NZG 2005, 856 (857).
139 Vgl. *Hüffer*, AktG, § 311 Rdnr. 20 f.
140 *Emmerich/Habersack*, Konzernrecht, 9. Auflage 2008, § 25 Rdnr. 11.
141 BGH NJW 1999, 1706 (1707).

Der Nachteil ist keine Abhängigkeitsfolge, wenn die betreffende Maßnahme auch von einem pflichtgemäß handelnden Vorstand vorgenommen worden wäre (zum Sorgfaltsmaßstab siehe § 93 Abs. 1 S. 2 AktG).

Typische Fallgestaltungen sind beispielsweise Rechtsgeschäfte zu nicht marktüblichen und die abhängige Gesellschaft benachteiligenden Konditionen,[142] unangemessene Konzernumlagen, also die Zahlung einer überhöhten Vergütung für Konzernleistungen, die Veräußerung von Vermögensgegenständen und Unternehmensbeteiligungen unter Wert, das Unterlassen von Erneuerungsinvestitionen sowie die Abordnung eines Vorstandsmitglieds zum herrschenden Unternehmen.[143]

3.1.3 Ausgleichspflicht

Nur wenn das herrschende Unternehmen, den durch die Einflussnahme erlittenen Schaden bei der abhängigen Gesellschaft durch Gewährung eines entsprechenden Vorteils ausgleicht, ist die nachteilige Einflussnahme gerechtfertigt (§ 311 Abs. 1 AktG). Versäumt es die herrschende Gesellschaft den Ausgleich während des Geschäftsjahres zu gewähren, muss dies am Ende des Geschäftsjahres geschehen (§ 311 Abs. 2 AktG). In Betracht kommt ein tatsächlicher Ausgleich oder aber auch die Gewährung eines entsprechenden Ausgleichsanspruchs. Kommt das herrschende Unternehmen seiner Ausgleichspflicht nicht bis zum Ende des Geschäftsjahres nach, sind sowohl das herrschende Unternehmen als auch diejenigen gesetzlichen Vertreter des herrschenden Unternehmens, die die abhängige Gesellschaft entsprechend veranlasst haben, der abhängigen Gesellschaft gegenüber schadensersatzpflichtig (§ 317 Abs. 1 u. 3 AktG). Außenstehende Aktionäre der abhängigen Gesellschaft können in diesem Fall ebenfalls einen Anspruch auf Schadensersatz besitzen (§ 317 Abs. 1 S. 2 AktG). Sie können aber auch den Anspruch der abhängigen Gesellschaft geltend machen und Zahlung an diese verlangen (§ 317 Abs. 4 AktG i.V.m. § 309 Abs. 4 AktG).

3.2 Abhängigkeitsbericht

Nach § 312 AktG ist der Vorstand der abhängigen Gesellschaft verpflichtet, die Beziehungen zu verbundenen Unternehmen in einem Abhängigkeitsbericht festzuhalten, insbesondere muss er darlegen, ob die abhängige Gesellschaft durch Maßnahmen benachteiligt wurde und ob diese Nachteile gegebenenfalls ausgeglichen wurden (vgl. § 312 Abs. 3 AktG). Der Abhängigkeitsbericht schließt mit einer sogenannten Schlusserklärung des Vorstands, die in den Lagebericht aufzunehmen ist (§ 312 Abs. 3 S. 3 AktG). Er ist jährlich, jeweils in den ersten drei Monaten des Geschäftsjahres, zu erstellen.

Da der Abhängigkeitsbericht konzerninterne Informationen beinhaltet, wird er nicht veröffentlicht. Er unterliegt jedoch der Prüfung durch den Abschlussprüfer und den Aufsichtsrat (§§ 313, 314 AktG). Bei kleinen Gesellschaften im Sinne von § 267 Abs. 1

---

142 Vgl. auch BGH NJW 2008, 1583 Tz. 11 ff. – UMTS.
143 Vgl. hierzu OLG Stuttgart AG 1979, 200 (202).

HGB entfällt die Prüfung durch den Abschlussprüfer (vgl. § 316 Abs. 1 HGB), was rechtspolitisch unbefriedigend ist.[144] Aktionäre haben kein Recht auf Einsicht in den Abhängigkeitsbericht. Sie können jedoch nach § 315 AktG eine Sonderprüfung beantragen.

Wird eine nachteilige Maßnahme in dem Abhängigkeitsbericht nicht aufgeführt, haftet der Vorstand der abhängigen Gesellschaft nach § 318 Abs. 1 AktG, wenn der Nachteil nicht ausgeglichen wurde.

3.3 Prüfungspflicht des Vorstands der abhängigen Gesellschaft

146 Den Vorstand der abhängigen Gesellschaft trifft keine Pflicht zur Befolgung von Weisungen des herrschenden Unternehmens. Er hat vielmehr entsprechende Weisungen auf deren Rechtmäßigkeit hin zu überprüfen. Eine Weisung des herrschenden Unternehmens ist insbesondere dann rechtswidrig, wenn diese die Vornahme eines nachteiligen Rechtsgeschäfts zum Gegenstand hat. Der Vorstand der abhängigen Gesellschaft darf eine solche aber dennoch umsetzen, wenn der Ausgleichsanspruch gegen die herrschende Gesellschaft durchsetzbar erscheint. Führt er eine rechtswidrige Weisung aus, obwohl das herrschende Unternehmen einen Nachteilsausgleich ablehnt, macht sich der Vorstand der abhängigen Gesellschaft allerdings schadensersatzpflichtig.

4. Der qualifiziert faktische Konzern

147 Nimmt das herrschende Unternehmen auf die abhängige Gesellschaft derart Einfluss, dass einzelne nachteilige Rechtsgeschäfte nicht mehr isoliert betrachtet werden können, mithin das in §§ 311, 317 AktG statuierte Konzept des Einzelausgleichs für nachteilige Rechtsgeschäfte versagt, spricht man von einem qualifiziert faktischen Konzern.

Rechtsfolge einer solchen qualifizierten Nachteilszufügung ist analog § 302 Abs. 1 AktG die Pflicht des herrschenden Unternehmens zum Ausgleich sämtlicher Verluste der abhängigen Gesellschaft.[145] Die Gläubiger der abhängigen Gesellschaft können analog § 303 Abs. 1 AktG Sicherheitsleistung verlangen. Der qualifiziert faktische Konzern wird insoweit also dem Vertragskonzern gleichgestellt. Die Ausschlussfrist des § 303 Abs. 1 S. 1 AktG findet jedoch keine Anwendung, da es an einem Stichtag für den Fristbeginn fehlt. Das herrschende Unternehmen kann sich lediglich auf den Einwand der Verwirkung berufen.[146]

148 Allerdings mehren sich die Stimmen in der Literatur, die entsprechend der Rechtsprechung des Bundesgerichtshofs zum existenzvernichtenden Eingriff im GmbH-Kon-

---

[144] Näher hierzu *Hüffer*, AktG, § 313 Rdnr. 2; *Emmerich/Habersack*, Konzernrecht, § 26 Rdnr. 3 (jeweils m. w. Nachw.).
[145] Bislang h.M.; vgl. *Emmerich/Habersack*, Konzernrecht, § 28 Rdnr. 21.
[146] Vgl. BGH NJW 1986, 188 – Autokran.

zern[147] stattdessen im qualifiziert faktischen AG-Konzern eine Haftung gegenüber der Gesellschaft auf Grundlage von § 826 BGB befürworten.[148]

5. Lernkontrolle

Frage 1: Was versteht man unter einem faktischen Konzern und was sind seine Voraussetzungen?

Frage 2: Weshalb bedarf es der Regelungen über den faktischen Konzern in den §§ 311 ff. AktG neben den Regeln zum Vertragskonzern?

Frage 3: Wie schützt das Gesetz faktisch abhängige Gesellschaften gegen nachteilige Einflussnahme durch ein herrschendes Unternehmen?

Frage 4: Wann liegt ein qualifiziert faktischer Konzern vor und welche Rechtsfolgen löst dies nach der Rechtsprechung des Bundesgerichtshofs aus?

---

147 Siehe hierzu Rdnrn. 187 ff.
148 Vgl. etwa *Hüffer*, AktG, § 311 Rdnr. 11.

Kapitel 7
Eingliederung

Literatur: *Emmerich/Habersack*, Aktien- und GmbH-Konzernrecht, 6. Auflage 2010, § 319 ff.; *Kuhlmann/Ahnis*, Konzern und Umwandlungsrecht, 3. Auflage 2010, § 6 Rdnr. 878 ff.

1. Einführung

149 Neben der praktisch wichtigeren Verschmelzung gibt es die aktienrechtliche Möglichkeit der Eingliederung einer Tochtergesellschaft in eine Hauptgesellschaft. Hierbei ist zwischen Eingliederung einer 100%-igen Tochter-Aktiengesellschaft (§ 319 AktG) und der einer Tochter-Aktiengesellschaft, an der zumindest 95% der Anteile gehalten werden (§ 320 AktG), zu unterscheiden. Im Gegensatz zur Verschmelzung (vgl. § 20 Abs. 1 Nr. 2 UmwG) bleibt das eingegliederte Unternehmen als juristische Person bestehen. Es verliert jedoch seine vermögensrechtliche Selbständigkeit dadurch, dass die wirtschaftliche Lenkung auf die Hauptgesellschaft übertragen wird. Beide Arten der Eingliederung unterscheiden sich voneinander vor allem durch die zusätzlichen Schutzvorschriften für außenstehende Aktionäre bei einer Eingliederung gemäß § 320 AktG.

2. Eingliederung nach § 319 AktG

150 Eine Eingliederung nach § 319 AktG setzt voraus, dass

(1) sich alle Aktien der einzugliedernden Aktiengesellschaft in der Hand der zukünftigen Hauptgesellschaft befinden,
(2) die beteiligten Gesellschaften Aktiengesellschaften sind,
(3) die Hauptversammlung der einzugliedernden Gesellschaft einen Eingliederungsbeschluss fasst und
(4) die Hauptversammlung der künftigen Hauptgesellschaft diesem mit qualifizierter Mehrheit zustimmt (§ 319 Abs. 2 AktG).

Ein separater Eingliederungsvertrag ist nicht erforderlich.

Da eine Zurechnung von Anteilen gemäß § 16 Abs. 4 AktG über Tochtergesellschaften nicht möglich ist, müssen die Anteile der einzugliedernden Gesellschaft der späteren Hauptgesellschaft unmittelbar gehören.[149]

151 Gemäß § 319 Abs. 7 AktG wird die Eingliederung erst mit Eintragung des Eingliederungsbeschlusses in das Handelsregister wirksam (konstitutive Wirkung). Für die Anfechtung des Beschlusses ist in § 319 Abs. 6 AktG ein Freigabeverfahren vorgesehen, um eine Registersperre durch missbräuchliche Klagen zu verhindern.[150]

---

149 *Emmerich/Habersack*, Konzernrecht, § 319 Rdnr. 8.
150 Siehe hierzu Kapitel 21.

3. Eingliederung nach § 320 AktG

Eine Eingliederung nach § 320 AktG unterliegt prinzipiell den gleichen Voraussetzungen wie eine Eingliederung nach § 319 AktG. Zusätzlich bestehen jedoch zum einen gemäß §§ 320 Abs. 1 S. 3, 319 Abs. 2, 3 u. 4 AktG zusätzliche Informationspflichten gegenüber den beteiligten Aktionären und zum anderen ist eine Eingliederungsprüfung gemäß § 320 Abs. 3 AktG durchzuführen.

152

4. Rechtsfolgen der Eingliederung

Die eingegliederte Gesellschaft unterliegt gemäß § 323 Abs. 1 AktG der uneingeschränkten Kontrolle der Hauptgesellschaft. Weiter ist neben ihrer Pflicht zur Bildung gesetzlicher Rücklagen ihre Vermögensbindung gemäß § 323 Abs. 2 AktG aufgehoben. Hierdurch kann die Hauptgesellschaft unbegrenzt auf das Vermögen der eingegliederten Gesellschaft zugreifen, ohne den Regelungen über verdeckte Gewinnausschüttungen (§§ 57, 58, 60 AktG) zu unterliegen.

153

Die Gläubiger der eingegliederten Gesellschaft werden über einen in § 321 AktG definierten Anspruch auf Sicherheitsleistungen geschützt. Darüber hinaus haftet die Hauptgesellschaft ihnen nach § 322 AktG gesamtschuldnerisch für sämtliche Alt- und Neuschulden der eingegliederten Gesellschaft.

154

Im Falle einer Eingliederung nach § 320 AktG scheiden die Minderheitsaktionäre aus dem eingegliederten Unternehmen aus (§ 320a AktG). Gemäß § 320b Abs. 1 S. 3 AktG erwerben sie hierdurch einen Anspruch auf eine angemessene Abfindung, welche in Form von Aktien der Hauptgesellschaft oder in bar geleistet werden kann.

155

5. Beendigung der Eingliederung

Die Eingliederung kann durch einen entsprechenden Beschluss mit einfacher Mehrheit der Hauptversammlung der eingegliederten Gesellschaft beendet werden. Alternativ tritt kraft Gesetzes Beendigung ein, wenn die Voraussetzungen der Eingliederung nicht mehr vorliegen (§ 327 AktG). Eine nachfolgende Eintragung in das Handelsregister hat hinsichtlich der Beendigung lediglich deklaratorische Wirkung.

156

6. Lernkontrolle

Frage 1: Was ist die Besonderheit einer Eingliederung nach dem Aktiengesetz gegenüber einer Verschmelzung nach dem Umwandlungsgesetz?

Frage 2: Wie werden Minderheitsaktionäre und Gläubiger der eingegliederten Gesellschaft durch das Gesetz geschützt?

Kapitel 8
Squeeze-Out

Literatur: *Kuhlmann/Ahnis*, Konzern- und Umwandlungsrecht, 3. Auflage 2010, Rdnrn. 887 ff.; *Emmerich/Habersack*, Konzernrecht, 9. Auflage 2008, § 10a; *Angerer*, Der Squeeze-Out, BKR 2002, 260.

1. Einleitung

157 Squeeze-Out bedeutet das „Herausdrängen" von Minderheitsaktionären aus einer Gesellschaft durch den Mehrheitsaktionär. Dies geschieht im Wege des zwangsweisen Verkaufs der von den Minderheitsaktionären gehaltenen Anteile an den Mehrheitsaktionär. Verfassungsrechtlich ist ein Squeeze-Out hinsichtlich Art. 14 Abs. 1 GG grundsätzlich zulässig.[151] Diese verfassungsrechtliche Problematik entsteht durch den Widerstreit der Interessen von Minderheits- und Mehrheitsaktionär. Einerseits hat der Mehrheitsaktionär ein berechtigtes Interesse daran, dass die Geschäfte der Gesellschaft im Wesentlichen seinen Vorstellungen entsprechen, ohne dass er auf die Mitwirkung der Minderheitsgesellschafter angewiesen ist. Andererseits haben die Minderheitsaktionäre ein geschütztes Miteigentumsrecht inne, das nicht ohne angemessenen Ausgleich zugunsten eines Privaten entzogen werden darf. Letzteres begründet die Grenzen und Bedingungen der Zulässigkeit des Squeeze-Out.

2. Aktienrechtlicher Squeeze-Out

158 Der aktienrechtliche Squeeze-Out ist in den §§ 327a ff. AktG geregelt. Die Übertragung erfolgt durch Hauptversammlungsbeschluss auf Verlangen des Hauptaktionärs. Dieser muss Aktien der Gesellschaft in Höhe von mindestens 95% des Grundkapitals halten. Gegenstand des Beschlusses ist die Übertragung der Aktien der außenstehenden Aktionäre auf den Hauptaktionär gegen Gewährung einer angemessenen Barabfindung (§ 327a Abs. 1 AktG).

2.1 Angemessene Barabfindung

159 Die Höhe der Barabfindung setzt gemäß § 327a Abs. 1 S. 1 AktG der Hauptaktionär fest, wobei diese dem vollen Wert des Anteils entsprechen muss. Hierzu ist gegebenenfalls eine Unternehmensbewertung durchzuführen.[152] Existiert ein Börsenkurs, so ist der durchschnittliche Börsenkurs der letzten drei Monate unter Ausklammerung außergewöhnlicher Schwankungen vor Bekanntgabe der Strukturmaßnahme maßgeblich.[153] Zusätzlich ist nach der Rechtsprechung der Börsenkurs entsprechend der allgemeinen oder branchentypischen Wertentwicklung unter Berücksichtigung der bisherigen Kursentwicklung heranzuziehen.

---

151 Zuletzt BVerfG, AG 2010, 160.
152 *Kuhlmann/Ahnis*, Konzern- und Umwandlungsrecht, Rdnr. 891.
153 BGH DB 2010, 1693 – Stollwerck.

Der Vorstand muss dem Hauptaktionär gemäß § 327b Abs. 1 S. 2 AktG alle notwendigen Unterlagen für die Ermittlung der Höhe der Barabfindung zur Verfügung stellen und die entsprechenden Auskünfte erteilen.

Die Angemessenheit der Abfindung kann in einem Spruchverfahren gemäß § 327f AktG nachgeprüft werden, das auf Antrag eines ausgeschiedenen Aktionärs eingeleitet wird.[154] Im Falle der Unangemessenheit tritt keine Nichtigkeit ein, sondern es wird durch das Spruchgericht eine angemessene Abfindung bestimmt (§ 327f S. 2 AktG).[155]

2.2 Übertragung der Aktien

Die Voraussetzungen der Übertragung sind im Einzelnen in §§ 327c-327e AktG geregelt. Der Übertragungsbeschluss muss nebst Negativerklärung ins Handelsregister eingetragen werden (§§ 327e Abs. 1 u. 2, 319 Abs. 5 AktG).[156] Um eine Registersperre zu verhindern, eröffnen §§ 327e Abs. 2, 319 Abs. 6 AktG die Möglichkeit eines Freigabeverfahrens.[157]

Mit der Eintragung gehen die Aktien kraft Gesetzes auf den Hauptaktionär über (§ 327e Abs. 3 S. 1 AktG). Die §§ 327a ff. AktG sind unabhängig von einer Börsennotierung und auch ohne vorheriges Übernahmeangebot (wie bei einem Squeeze-Out nach dem Wertpapierübernahmegesetz, dazu sogleich) anwendbar. Ein aktienrechtlicher Squeeze-Out darf aber gemäß § 39a Abs. 6 WpÜG nicht parallel zu einem übernahmerechtlichen betrieben werden.

3. Wertpapierrechtlicher Squeeze-Out

Einen Squeeze-Out kann ein Hauptaktionär auch durch einen Antrag gemäß §§ 39a ff. WpÜG herbeiführen. Hierzu muss er infolge eines Übernahme- oder Pflichtangebots gemäß § 29 bzw. § 35 WpÜG mindestens 95% des stimmberechtigten Kapitals halten. Er kann dann die restlichen 5% des stimmberechtigten Kapitals ausschließen lassen (§ 39a Abs. 1 S. 1 WpÜG). Sofern er außerdem noch mindestens 95% des nicht stimmberechtigten Kapitals (und damit 95% des Grundkapitals) hält, kann er im Übrigen auch die verbleibenden Vorzugsaktionäre gemäß § 39a Abs. 1 S. 2 WpÜG ausschließen lassen. Hierin liegt ein entscheidender Unterschied zum Squeeze-Out nach §§ 327 ff. AktG, bei dem keine Unterscheidung nach der Stimmberechtigung erforderlich ist.

Mit dem Ausschluss korrespondiert ein Anspruch auf Abfindung der ausgeschlossenen Aktionäre. Diese hat sowohl der Art als auch der Höhe nach der angebotenen Gegenleistung zu entsprechen (§ 39a Abs. 3 S. 1 u. 2 WpÜG). Die Angemessenheit der Abfin-

---

154 Zum Rechtsschutz und Informationsrechten vgl. *Fehling/Arens*, AG 2010, 735.
155 Zum spruchgerichtlichen Verfahren siehe Rdnrn. 375 ff.
156 Instruktiv BGH DB 2011, 1212.
157 Siehe hierzu Kapitel 21.

dung wird gemäß § 39a Abs. 3 S. 3 WpÜG vermutet[158], wenn der Hauptaktionär auf Grund des Angebots Aktien in Höhe von mindestens 90% des vom Angebot betroffenen Grundkapitals erworben hat.

164 Die Übertragung der Aktien findet statt, wenn das gemäß § 39a Abs. 5 WpÜG ausschließlich zuständige Landgericht Frankfurt am Main über den Antrag des Hauptaktionärs auf Ausschluss entschieden hat.

165 Sofern der Hauptaktionär trotz Möglichkeit den Squeeze-Out nicht durchgeführt hat, können die Minderheitsaktionäre gemäß § 39c WpÜG innerhalb von drei Monaten das vorausgegangene Angebot noch annehmen (sog. „Sell-Out").

4. Umwandlungsrechtlicher Squeeze-Out

166 Plant eine Aktiengesellschaft, die Aktien einer anderen Aktiengesellschaft hält, eine Aufwärtsverschmelzung (upstream-merger), so ermöglicht § 62 Abs. 5 UmwG einen Squeeze-Out nach § 327a AktG bereits ab einer Beteiligungsquote von 90% (statt 95% wie im Regelfall des § 327a AktG).

5. Lernkontrolle

Frage 1: Welche Formen des Squeeze-Out gibt es?

Frage 2: Inwieweit wird das durch Art 14 Abs. 1 GG geschützte Eigentumsrecht der ausgeschlossenen Aktionäre gewahrt?

---

158 Zur Frage der Widerlegbarkeit vgl. die Nachweise bei *Kuhlmann/Ahnis*, Konzern- und Umwandlungsrecht, Rdnr. 895.

Kapitel 9
GmbH-Konzern

Literatur: *Kuhlmann/Ahnis*, Konzern- und Umwandlungsrecht, 3. Auflage 2010, Rdnrn. 234 ff., 799 ff.; *Emmerich/Habersack*, Konzernrecht, 9. Auflage 2008, §§ 29-32; *Veith/Schmid*, Abschluss und Beendigung von Beherrschungs- und Gewinnabführungsverträgen im GmbH-Konzern, DB 2012, 728 ff.

1. Einführung

Das Konzernrecht regelt den GmbH-Konzern nicht unmittelbar. Vielmehr nennt es als Rechtsformen ausdrücklich lediglich die Aktiengesellschaft und die Kommanditgesellschaft auf Aktien. Gleichwohl können auch Gesellschaften mit beschränkter Haftung Teile eines Konzernverbunds sein. Dies kann sowohl ein faktischer als auch ein Vertragskonzern sein. Ein faktischer Konzern wird bei einer Gesellschaft mit beschränkter Haftung oftmals bereits durch eine schlichte Mehrheitsbeteiligung begründet. Im Gegensatz zur Aktiengesellschaft, in welcher das geschäftsführende Organ (der Vorstand) gemäß § 76 AktG eigenverantwortlich handelt, besteht in der Gesellschaft mit beschränkter Haftung ein gesetzliches Weisungsrecht der Gesellschafterversammlung gegenüber der Geschäftsführung (vgl. §§ 37, 45, 46 GmbHG).

167

Die Definitionen des Allgemeinen Teils des Konzernrechts (§§ 15 ff. AktG) gelten aufgrund der rechtsformneutralen Formulierung „Unternehmen" sowie der hiermit verbundenen weiten Auslegung des Begriffs[159] für sämtliche Rechtsformen und damit auch für die Gesellschaft mit beschränkter Haftung.[160] Auch der Besondere Teil des Konzernrechts (§§ 291 ff., 308 ff. AktG) bezieht sich seinem Wortlaut nach nur auf die Aktiengesellschaft und die Kommanditgesellschaft auf Aktien. Die zentrale Frage ist daher, ob die einzelnen Normen auf die Gesellschaft mit beschränkter Haftung im Wege einer Analogie übertragen werden können oder ob stattdessen die Regelungen des GmbH-Rechts (etwa §§ 53, 54 GmbHG) als vorrangige und insoweit abschließende Spezialregelungen heranzuziehen sind. Aufgrund der fehlenden gesetzlichen Kodifikation des GmbH-Konzernrechts wird und wurde dieses Rechtsgebiet vor allem durch die Rechtsprechung des Bundesgerichtshofs geprägt.

168

2. GmbH-Vertragskonzern

Ungeachtet des gesellschaftsrechtlichen Weisungsrechts aus §§ 45, 46 GmbHG kann dennoch Bedarf an einem weitergehenden Weisungsrecht bestehen. So sind etwa für in Mehrheitsbesitz befindliche Gesellschaften mit beschränkter Haftung dauerhafte nachteilige Weisungen nur aufgrund eines Beherrschungsvertrags möglich.[161] Das ge-

169

---

159 Siehe hierzu schon Kapitel 1.
160 *Emmerich/Habersack*, Kommentar Aktien- und GmbH-Konzernrecht, 6. Aufl. 2010, § 15 Rdnr. 5.
161 H.M., vgl. etwa BGH NJW 1989, 295 – Supermarkt; *Emmerich/Habersack*, Kommentar Aktien- und GmbH-Konzernrecht, 6. Aufl. 2010, § 291 Rdnr. 43; *Kuhlmann/Ahnis*, Konzern- und Umwandlungsrecht, Rdnr. 802.

sellschaftsrechtliche Weisungsrecht besteht zwar in diesem Fall fort, doch tritt dieses im Konfliktfalle zugunsten des Weisungsrechts aufgrund eines Beherrschungsvertrages zurück.[162]

170 Da im Rahmen eines Konzerns oftmals auch eine ertragssteuerliche Organschaft begründet werden soll, wird ein Beherrschungsvertrag häufig mit einem Gewinnabführungsvertrag kombiniert. Auch insoweit stellt sich also die Frage einer analogen Anwendung der Vorschriften des Konzernrechts.[163]

2.1 Gesellschaft mit beschränkter Haftung als Beteiligte eines Beherrschungsvertrags

171 Eine Gesellschaft mit beschränkter Haftung ist ein „Unternehmen" im Sinne von § 291 Abs. 1 AktG und kann damit herrschende Partei eines Beherrschungsvertrags sein.[164]

Nach dem Wortlaut des § 291 Abs. 1 AktG kann hingegen lediglich eine Aktiengesellschaft oder Kommanditgesellschaft auf Aktien abhängige Gesellschaft sein. Daher wird der Schutz einer abhängigen Gesellschaft mit beschränkter Haftung grundsätzlich nicht über das Aktienrecht, sondern über die spezialgesetzlichen Regeln hergestellt (vgl. etwa die Vorschriften über die Satzungsänderungen der §§ 53 ff. GmbHG). Gleichwohl kann eine Gesellschaft mit beschränkter Haftung abhängige Gesellschaft im Rahmen eines Unternehmensvertrags sein.[165] Dies ergibt sich unter anderem aus der aktuellen Fassung des § 30 Abs. 1 S. 2 1. Alt GmbHG.[166] Die Anwendung sonstiger aktienrechtlicher Schutzvorschriften kommt hingegen nur in Betracht, wenn dem keine spezifischen Wertungen des GmbH-Rechts entgegenstehen.[167]

2.2 Abschluss eines Beherrschungsvertrags

172 Für den Abschluss eines Beherrschungsvertrages gelten im Wesentlichen die gleichen Voraussetzungen wie beim Konzern der Aktiengesellschaft.[168] Hinsichtlich der Anforderungen an den Abschluss eines Beherrschungsvertrags im Einzelnen ist danach zu differenzieren, ob die Gesellschaft mit beschränkter Haftung abhängige oder herrschende Partei des Vertrags ist.

---

162 *Emmerich/Habersack*, Aktien- und GmbH-Konzernrecht, § 308 Rdnr. 10.
163 Im Folgenden wird der Leserlichkeit wegen die Terminologie des Beherrschungsvertrages verwendet, da für den Gewinnabführungsvertrag das Gesagte entsprechend gilt; vgl. hierzu auch *Emmerich/Habersack*, Aktien- und GmbH-Konzernrecht, § 293 Rdnr. 39.
164 Vgl. *Hüffer*, Kommentar AktG, 10. Aufl. 2012, § 291 Rdnr. 8.
165 Vgl. hierzu grundlegend BGH NJW 1989, 295 (296) – Supermarkt.
166 *Altmeppen*, in: MüKo AktG, Bd. 5, 3. Aufl. 2010, § 291 Rdnr. 17.
167 *Emmerich/Habersack*, Konzernrecht, § 32 Rdnr. 4.
168 Vgl. BGH NJW 1989, 295 – Supermarkt; BGH NJW 1992, 1452 – Siemens/NRG; siehe auch *Kuhlmann/Ahnis*, Konzern- und Umwandlungsrecht, Rdnr. 805.

2.2.1 Gesellschaft mit beschränkter Haftung als abhängige Gesellschaft

Beim Abschluss stellt sich – wie auch bei dessen Änderung oder Beendigung – die Frage, ob es sich hierbei um eine reine Geschäftsführungsmaßnahme oder einen gesellschaftsrechtlichen Organisationsakt handelt. Sofern es sich lediglich um eine Geschäftsführungsmaßnahme handelt, kann sie von der Geschäftsführung als vertretungsberechtigtem Organ ohne Beteiligung der Gesellschafterversammlung durchgeführt werden (§§ 35, 37 GmbHG); andernfalls wäre ein entsprechender Beschluss der Gesellschafterversammlung erforderlich. Da im Rahmen eines Beherrschungsvertrags das Weisungsrecht der Gesellschafterversammlung im Konfliktfalle zurücksteht und der Gesellschaftszweck nunmehr auf das Konzerninteresse ausgerichtet ist, greift der Abschluss tief in die Organisationsstruktur der Gesellschaft ein. Der Abschluss eines Beherrschungsvertrags stellt damit keine Geschäftsführungsmaßnahme dar, so dass die Gesellschafterversammlung analog §§ 53, 54 GmbHG hierüber zu beschließen hat.[169] Dieser Beschluss hat einstimmig zu erfolgen[170] und ist notariell zu beurkunden (§ 53 Abs. 2 S. 1 GmbHG analog).

173

Sowohl der Beschluss der Gesellschafterversammlung (§ 54 Abs. 2 S. 1 GmbHG analog)[171] als auch der Unternehmensvertrag als solcher (§ 294 Abs. 1 AktG analog) sind mit konstitutiver Wirkung ins Handelsregister einzutragen (§ 54 Abs. 3 GmbHG analog); der Beherrschungsvertrag mit einer abhängigen Gesellschaft mit beschränkter Haftung ist schriftlich zu schließen (§ 293 Abs. 3 AktG analog).[172]

174

2.2.2 Gesellschaft mit beschränkter Haftung als herrschendes Unternehmen

Da ein Beherrschungsvertrag zumindest für die Aktiengesellschaft und die Kommanditgesellschaft auf Aktien etwa die Pflicht zur Verlustübernahme (§ 302 AktG) begründet, müssen gemäß § 293 Abs. 2 AktG auch deren Hauptversammlungen zustimmen. Aufgrund der hieraus auch für eine Gesellschaft mit beschränkter Haftung erwachsenden Gefahr besteht insoweit eine vergleichbare Interessenlage, so dass § 293 Abs. 2 AktG analog auf sie angewandt wird. Die Gesellschafterversammlung hat daher mit einer ¾-Mehrheit der abgegebenen Stimmen (vgl. §§ 47 Abs. 1, 53 Abs. 2 GmbHG) einen entsprechenden Beschluss zu fassen.[173]

175

Der Zustimmungsbeschluss der Gesellschafterversammlung des herrschenden Unternehmens bedarf – anders als der entsprechende Beschluss einer abhängigen Gesellschaft – keiner notariellen Beurkundung und muss für die Wirksamkeit des Be-

176

---

169 BGH NJW 1989, 295 (296) – Supermarkt; siehe auch *Emmerich/Habersack*, Konzernrecht, § 32 Rdnr. 10.
170 Wohl h.M.; *Emmerich/Habersack*, Kommentar Aktien- und GmbH-Konzernrecht, § 293 Rdnr. 43a; *Veith/Schmid*, DB 2012, 728 (730) m. w. Nachw.; für eine lediglich qualifizierte Mehrheit hingegen etwa *Halm*, NZG 2001, 728 (733).
171 §§ 53, 54 GmbHG gelten analog, weil es sich nicht um eine Satzungsänderung im Sinne des GmbH-Rechts handelt, die vorgenommenen Maßnahmen einer solchen jedoch faktisch entsprechen.
172 So *Kuhlmann/Ahnis*, Konzern- und Umwandlungsrecht, Rdnr. 805.
173 BGH NJW 1989, 295 – Supermarkt.

herrschungsvertrags nicht ins Handelsregister des herrschenden Unternehmens eingetragen werden.[174]

2.3 Änderung eines Beherrschungsvertrags

177 Die Änderung von Unternehmensverträgen regelt § 295 AktG, dessen Verweis auf die §§ 293-294 AktG vor allem eine Umgehung der Anforderungen an den Vertragsabschluss verhindern soll. Hinsichtlich einer Übertragbarkeit auf die Gesellschaft mit beschränkter Haftung ist wieder danach zu unterscheiden, ob sie abhängige oder herrschende Partei des Beherrschungsvertrags ist.

Aufgrund der Einstimmigkeit, mit welcher der Zustimmungsbeschluss der abhängigen Gesellschaft zum Abschluss eines Beherrschungsvertrags zu ergehen hat, ist zur Verhinderung einer Umgehung auch die Einstimmigkeit bei Änderungsbeschlüssen notwendig.[175]

Wegen des Eingriffs in die Mitwirkungsrechte des herrschenden Unternehmens durch die Vertragsänderung ist auch ein Änderungsbeschluss mit qualifizierter Mehrheit durch deren Gesellschafter erforderlich.[176]

2.4 Beendigung eines Beherrschungsvertrages

178 Die Beendigung eines Beherrschungsvertrags ist grundsätzlich wie im Konzern der Aktiengesellschaft durch Aufhebung (§ 296 AktG analog) und Kündigung (§ 297 AktG analog) möglich.[177] Darüber hinaus endet der Vertrag auch – mit Ausnahme von § 307 AktG – wegen der sonstigen Beendigungsgründe entsprechend.[178]

Bislang unklar war insbesondere, ob es auch für die die Beendigung eines Beherrschungsvertrages eines entsprechenden Beschlusses durch die Gesellschafterversammlung der abhängigen Gesellschaft bedarf. Inzwischen hat sich der Bundesgerichtshof für ein solches Erfordernis aufgrund des Eingriffs in die Mitverwaltungsrechte der Anteilsinhaber des herrschenden Unternehmens ausgesprochen und so die Beendigung ebenfalls als gesellschaftsrechtlichen Organisationsakt qualifiziert.[179] Damit gelten im Grunde die Anforderungen an den Abschluss des Vertrages auch für dessen Beendigung (Rechtsgedanke des actus contrarius).

Im Einzelnen sind jedoch noch einige Fragen hinsichtlich der Beendigung – insbesondere betreffend der Form- sowie der Mehrheitserfordernisse dieses Beschlusses –

---

174 *Emmerich/Habersack*, Konzernecht § 32 Rdnr. 23.
175 *Emmerich/Habersack*, Konzernrecht, § 32 Rdnr. 39.
176 Vgl. hierzu *Emmerich/Habersack*, Konzernrecht, § 32 Rdnr. 40 m. w. Nachw.
177 *Emmerich*, in: Scholz, Kommentar GmbHG, 10. Aufl. 2010, Anh. § 13 Rdnrn. 189-197; zur Beendigung siehe schon Rdnrn. 76 ff.
178 *Kuhlmann/Ahnis*, Konzern- und Umwandlungsrecht, Rdnr. 843.
179 BGH DB 2011, 1682 (Tz. 17 ff.).

offen.¹⁸⁰ Ferner ist umstritten, ob – wie bei der Aktiengesellschaft – eine Aufhebung gemäß § 296 Abs. 1 S. 1 AktG ebenfalls nur zum Ablauf eines Geschäftsjahres zulässig ist.¹⁸¹

3. Rechtsfolgen eines Beherrschungsvertrags

Sofern ein Beherrschungsvertrag wirksam geschlossen ist, ergeben sich die Rechtsfolgen für den Konzern der Aktiengesellschaft aus §§ 300 ff. AktG. Fraglich ist auch hier, ob und inwieweit die Regelungen auf den GmbH-Konzern übertragbar sind.

179

3.1 Weisungsrecht

Durch den Abschluss eines Beherrschungsvertrags erhält das herrschende Unternehmen ein Weisungsrecht gemäß § 308 Abs. 1 AktG analog gegenüber der Geschäftsführung der abhängigen Gesellschaft mit beschränkter Haftung.

180

3.2 Pflichten und Haftung des herrschenden Unternehmens

§ 302 AktG statuiert eine umfassende Verlustausgleichspflicht, die das Korrelat zum Weisungsrecht aus § 308 AktG darstellt. Es soll das bilanzmäßige Vermögen einer abhängigen Gesellschaft geschützt werden, weshalb es nicht auf deren Rechtsform ankommt. Daher ist § 302 AktG analog auf die Gesellschaft mit beschränkter Haftung anzuwenden.¹⁸²

181

Darüber hinaus haftet das herrschende Unternehmen auch für durch seine Geschäftsleitung erteilte, rechtswidrige Weisungen. Es sind bei der Ausübung des Weisungsrechts die Grenzen der §§ 308, 309 AktG analog zu beachten. Im Falle einer Missachtung kann Schadensersatz gemäß § 280 Abs. 1 BGB (in Verbindung mit § 31 BGB analog) zu leisten sein.¹⁸³

Neben dem herrschenden Unternehmen haften der abhängigen Gesellschaft mit beschränkter Haftung im Falle der Erteilung rechtswidriger Weisungen die gesetzlichen Vertreter des herrschenden Unternehmens sowie ihre eigenen Organe (Geschäftsführung und Aufsichtsrat) analog §§ 309 Abs. 2, 310 Abs. 1 AktG.¹⁸⁴

182

Minderheitsgesellschafter können Ansprüche im Wege der actio pro socio – also die Geltendmachung eines Anspruchs der Gesellschaft gegen einen ihrer Gesellschafter durch einen anderen Gesellschafter¹⁸⁵ – durchsetzen.

183

---

180 Vgl. hierzu ausführlich *Hegemann*, GmbHR 2012, 315; *Peters*, DStR 2012, 86.
181 So jüngst OLG München, NZG 2012, 590; a.A. etwa *Priester*, NZG 2012, 641.
182 *Kuhlmann/Ahnis*, Konzern- und Umwandlungsrecht, Rdnr. 821.
183 *Emmerich*, in: Scholz GmbHG, Anh. § 13 Rdnrn. 183 f.; vgl. zu den jeweiligen Pflichten Rdnrn. 84 ff.
184 *Emmerich/Habersack*, Konzernrecht, § 32 Rdnr. 38.
185 Ein Überblick zur actio pro socio findet sich bei *Steinbeck*, JuS 2012, 105 (107); ausführlich *Kindl*, Gesellschaftsrecht, 1. Aufl. 2011, § 8 Rdnrn. 15 ff.

3.3 Fehlerhafte Verträge

184 Da die Rückabwicklung eines bereits vollzogenen Vertrags ein generelles und kein spezifisch aktienrechtliches Problem darstellt, gelten die Grundsätze über den fehlerhaften Beherrschungsvertrag auch im GmbH-Konzern.[186] Eine Mangel des Vertrags kann insbesondere aus der Verletzung eines Zustimmungserfordernisses gemäß §§ 53, 54 GmbHG analog resultieren. Umstritten ist, ob die Eintragung ins Handelsregister bereits erfolgt sein muss, damit diese Grundsätze Anwendung finden.[187]

4. Der faktische GmbH-Konzern

185 Ein faktischer GmbH-Konzern liegt vor, wenn ein herrschendes Unternehmen auf die abhängige Gesellschaft einen tatsächlichen Einfluss ausübt, ohne dass ein Beherrschungsvertrag im Sinne von § 291 AktG vorliegt, und die abhängige Gesellschaft eine Gesellschaft mit beschränkter Haftung ist.

4.1 Die Treuepflicht als Anknüpfungspunkt

186 Der faktische GmbH-Konzern ist nicht gesetzlich geregelt. Die §§ 311 ff. AktG sind auf den faktischen GmbH-Konzern nicht analog anwendbar, da die Geschäftsführung einer Gesellschaft mit beschränkter Haftung (anders als der Vorstand einer Aktiengesellschaft) von deren Gesellschaftern grundsätzlich weisungsabhängig ist. Ein faktischer GmbH-Konzern führt vielmehr zu einer gesteigerten Treuepflicht der Gesellschafter gegenüber der Gesellschaft mit beschränkter Haftung als abhängiger Gesellschaft. Ausfluss dieser ist insbesondere ein umfassendes Schädigungsverbot gegenüber der abhängigen Gesellschaft wie auch gegenüber den übrigen Gesellschaftern, wobei für Ansprüche der Mitgesellschafter nur insoweit Raum ist, als deren individuelle Interessen tangiert sind.[188]

4.2 Existenzvernichtende Eingriffe

187 Ungeachtet dieser Treuepflichten, deren konkrete Ausgestaltung im Einzelfall variieren kann und die darüber hinaus auch disponibel sind, hat die Rechtsprechung ein Bestandsinteresse der abhängigen Gesellschaft mit beschränkter Haftung anerkannt, gerade auch im Hinblick auf Gläubigerinteressen. Fraglich ist, wie die Verletzung eines solchen Bestandsinteresses zu qualifizieren ist.

---

186 BGH NJW 1992, 505 (505).
187 So etwa *Altmeppen*, in: MüKo AktG, Bd. 5, 3. Aufl. 2010, § 291 Rdnr. 198; *Kuhlmann/Ahnis*, Konzern- und Umwandlungsrecht, Rdnr. 831; a.A. jedoch die Rspr., vgl. etwa BGHZ 116, 37 (39); BGH ZIP 2002, 35 (36).
188 Grundlegend BGH NJW 1976, 191 – ITT.

Anknüpfungspunkt hierfür war über viele Jahre die vom Bundesgerichtshof entwickelte Haftung im qualifiziert faktischen GmbH-Konzern, die insbesondere eine analoge Anwendung der §§ 302, 303 AktG nach sich zog.[189]

188

Die Literatur hat demgegenüber versucht, die Problematik von Eingriffen in den Bestandsschutz der abhängigen Gesellschaft mit beschränkter Haftung mittels Fallgruppen zu systematisieren, nämlich (1) der Fremdbeherrschung, (2) des Institutsmissbrauchs, (3) der Unterkapitalisierung sowie (4) der Vermögens- und Sphärenmischung.[190]

189

In den letzten zehn Jahren hat die Rechtsprechung zu dieser Thematik jedoch eine rasante Entwicklung durchgemacht und in einer Reihe von Entscheidungen eine Abkehr von der Haftung im qualifiziert faktischen GmbH-Konzern vollzogen hin zur Anerkennung einer Haftung wegen existenzvernichtenden Eingriffs, wobei hier zunächst eine verschuldensunabhängige Durchgriffsaußenhaftung vom Bundesgerichtshof favorisiert wurde und dieser erst 2007 eine vorsatzabhängige Innenhaftung, gestützt auf § 826 BGB, etabliert hat.[191]

190

Demnach haftet ein Gesellschafter der Gesellschaft mit beschränkter Haftung (nicht jedoch deren Gläubigern!) aus § 826 BGB, wenn er missbräuchlich und kompensationslos in das der Zweckbindung zur vorrangigen Befriedigung der Gesellschaftsgläubiger dienende Gesellschaftsvermögen eingreift und dieser Eingriff zur Insolvenz führt oder diese vertieft.

5. Lernkontrolle

Frage 1: *Wodurch unterscheidet sich das Verhältnis von Hauptversammlung und Vorstand einer Aktiengesellschaft von demjenigen zwischen der Gesellschafterversammlung und der Geschäftsführung einer Gesellschaft mit beschränkter Haftung?*

Frage 2: *Wieso besteht ein Bedürfnis danach, auch bei bestehender Mehrheitsbeteiligung an einer Gesellschaft mit beschränkter Haftung mit dieser einen Beherrschungsvertrag zu schließen?*

Frage 3: *Wovon hängt es ab, ob die Geschäftsführung einer Gesellschaft mit beschränkter Haftung alleine oder nur unter Beteiligung der Gesellschafterversammlung handeln darf?*

Frage 4: *Inwieweit werden der qualifiziert faktische AG-Konzern und die vergleichbare Situation im GmbH-Konzern von der Rechtsprechung unterschiedlich behandelt?*

---

189 Grundlegend hierzu BGH NJW 1986, 188 (190 ff.) – Autokran; BGH NJW 1989, 1800 (1802 f.) – Tiefbau; BGH NJW 1993, 1200 – TBB (m. Anm. *Kübler*); BGH NZG 1999, 170 – Video (m. Anm. *Habersack*) sowie BGH NZG 2002, 914 – KBV.
190 Ein Überblick hierzu findet sich bei *Mansdörfer/Timmerbeil*, WM 2004, 362.
191 Aus jüngster Zeit BGH DB 2012, 1261; grundlegend BGH NJW 2001, 3622 – Bremer Vulkan; BGH ZIP 2005, 117 – Autohändler; BGH NJW 2007, 2689 – Trihotel; BGH NJW 2008, 2437 – Gamma; BGH NJW 2009, 2127 – Sanitary.

Kapitel 10
Personengesellschaften im Konzern

Literatur: *Emmerich/Habersack*, Konzernrecht, 9. Auflage 2008, §§ 33-36; *Kuhlmann/Ahnis*, Konzern- und Umwandlungsrecht, 3. Auflage 2010, Rdnrn. 913 ff.

1. Einführung

191 Ausdrücklich bezieht das Konzernrecht sich nicht auf Personengesellschaften – also die Gesellschaft bürgerlichen Rechts (§§ 705 ff. BGB), die offene Handelsgesellschaft (§§ 105 ff. HGB) sowie die Kommanditgesellschaft (§§ 161 ff. HGB). Gleichwohl sind diese in der Praxis mitunter sowohl abhängig von anderen Unternehmen und hierdurch vergleichbaren Gefährdungen ausgesetzt wie andere Gesellschaftsformen als auch herrschend über andere Gesellschaften.

Die Definitionen des Allgemeinen Teils des Konzernrechts (§§ 15-19 AktG) gelten grundsätzlich rechtsformunabhängig für alle Unternehmen und damit auch für Personengesellschaft.[192] Eine Ausnahme stellt die Abhängigkeitsvermutung des § 17 Abs. 2 AktG dar, weil bei Personengesellschaften anders als etwa im Aktienrecht nicht die Mehrheit des Kapitals entscheidet, sondern Entscheidungen grundsätzlich einstimmig zu treffen sind (vgl. etwa § 119 HGB). Daher kann alleine durch eine Mehrheitsbeteiligung noch keine Abhängigkeit begründet werden.[193]

192 Der Besondere Teil des Konzernrechts (§§ 291 ff. AktG) hingegen ist nicht in diesem Umfange anwendbar, weil in diesem gerade Regelungen für bestimmte Gesellschaftsformen (Aktiengesellschaft und Kommanditgesellschaft auf Aktien) getroffen werden. Vielmehr ist die Verallgemeinerungsfähigkeit der jeweiligen Regelung entscheidend.[194] Insbesondere ist hinsichtlich der Anwendbarkeit danach zu differenzieren, ob eine Personengesellschaft herrschender oder abhängiger Teil eines Konzerns ist.

Eine Personengesellschaft kann jedenfalls Unternehmensverträge im Sinne von § 292 AktG (Gewinngemeinschaft, Teilgewinnabführungsvertrag, Betriebspacht und -überlassung) abschließen und hierbei sowohl als berechtigtes als auch als verpflichtetes Unternehmen auftreten. Aufgrund des schwerwiegenden Eingriffs in die Rechte der Gesellschafter müssen einem solchen Vertrag jedoch alle Gesellschafter zustimmen.[195]

---

192 *Hüffer*, Kommentar AktG, 12. Aufl. 2012, § 15 Rdnr. 4; vgl. zu Personengesellschaften BGH NJW 1980, 231; BGH NJW 1984, 1351.
193 *Hopt*, in: Baumbach/Hopt, Kommentar HGB, 35. Aufl. 2012, § 105 Rdnr. 101.
194 *Hüffer*, AktG, § 15 Rdnr. 4.
195 BGH NJW 1982, 1817 – Holiday Inn (zur Kommanditgesellschaft); vgl. auch *Emmerich/Habersack*, Konzernrecht, § 34 Rdnr. 23.

2. Personengesellschaft als herrschendes Unternehmen

Aufgrund der rechtsformneutralen Formulierung des „herrschenden Unternehmens" im Besonderen Teil des Konzernrecht (vgl. etwa §§ 291, 308, 311 AktG) und der damit verbunden weiten Auslegung des Begriffs des Unternehmens[196] gelten diese Regelungen auch für eine herrschende Personengesellschaft, da ihr Zweck der Schutz der beherrschten Gesellschaft ist.[197]

193

Problematisch stellt sich die Sicherung der Mitwirkungsbefugnisse der Gesellschafter des herrschenden Unternehmens auf die Konzerngeschäftsführung – und damit auf die Tochtergesellschaft – dar, weil deren Befugnisse ebenso wie bei einer Aktiengesellschaft durch eine Verlagerung auf die Geschäftsleitung beschnitten werden. Die „Holzmüller"-Grundsätze als ungeschriebene Zuständigkeit der Versammlung der Anteilsinhaber[198] werden jedoch nicht auf die Personengesellschaften übertragen, da diese Grundsätze rechtsformspezifisch für die Aktiengesellschaft entwickelt wurden.[199] Eine Übertragung ist auch nicht angezeigt, weil die Gesellschafter – ob geschäftsführend tätig oder nicht – schon durch das Personengesellschaftsrecht unmittelbar geschützt werden. Aufgrund der für die Gesellschafter bestehenden unbeschränkten persönlichen Haftung (§ 128 HGB) stehen diesen umfassende Informations-, Auskunfts- und Mitspracherechte bezüglich des herrschenden Unternehmens wie auch der abhängigen Gesellschaft zu (vgl. §§ 666, 713, 716 BGB, §§ 118, 166, 233 HGB).[200]

194

3. Abhängige Personengesellschaft

Eine abhängige Personengesellschaft ist ebenso schutzbedürftig wie etwa eine Aktiengesellschaft. Bei einer Personengesellschaft ist jedoch zu unterscheiden zwischen einem Vertragskonzern, einem schlicht einfachen Abhängigkeitsverhältnis (§ 17 AktG) und einem faktischen Konzern, in dem neben die Abhängigkeit noch die einheitlich ausgeübte Leitung (§ 18 Abs. 1 AktG) tritt.[201]

195

3.1 Vertragskonzern

Ob eine Personengesellschaft durch einen Beherrschungs- oder Gewinnabführungsvertrag auch abhängig beziehungsweise verpflichtet werden kann, ist weithin unklar.[202] Ein Gewinnabführungsvertrag unter Beteiligung einer Personengesellschaft wird steuerlich nicht anerkannt und kann damit nicht zu Begründung einer ertragsteuerlichen Organschaft herangezogen werden. Unabhängig von der Zulässigkeit ist ein

196

---

196 Siehe hierzu schon Rdnr. 17.
197 *Hopt*, in: Baumbach/Hopt, HGB, § 105 Rdnr. 100.
198 Siehe hierzu Rdnr. 276 f.
199 *Hopt*, in: Baumbach/Hopt, HGB, § 105 Rdnr. 106.
200 *Emmerich/Habersack*, Konzernrecht, § 35 Rdnrn. 8 u. 9; *Hopt*, in: Baumbach/Hopt, HGB, § 105 Rdnr. 106.
201 Vgl. hierzu Rdnrn. 22 ff.
202 Zum Meinungsstand *Hüffer*, AktG, § 291 Rdnr. 7.

solcher Vertrag daher jedenfalls nicht sinnvoll.[203] Zumindest für den Beherrschungsvertrag kann danach differenziert werden, ob bei der Personengesellschaft eine natürliche Person persönlich haftet oder nicht.[204] Für den Fall, dass keine natürliche, sondern lediglich eine juristische Person – etwa eine Gesellschaft mit beschränkter Haftung – haftet, kann eine Personengesellschaft hiernach abhängige Gesellschaft sein.[205] Aufgrund der weitreichenden Folgen, die das Weisungsrecht für eine abhängige Personengesellschaft und damit für deren persönlich haftenden Gesellschafter haben kann, verstößt ein Beherrschungsvertrag hingegen grundsätzlich gegen § 138 Abs. 1 BGB, sofern eine natürliche Person der persönlichen Haftung unterliegt.[206] Wenn hingegen alle Gesellschafter dem Abschluss eines solchen Vertrags zustimmen, wird dieser nicht als sittenwidrig angesehen.[207]

197 Im Falle eines wirksamen Beherrschungsvertrags hat das herrschende Unternehmen ein Weisungsrecht, welches seine Grenzen im Beherrschungsvertrag und der analogen Anwendung von § 308 AktG findet.[208] Im Gegenzug hierzu trifft das herrschende Unternehmen eine Pflicht zum Verlustausgleich (§ 302 Abs. 1 AktG analog).[209]

3.2 Einfache Abhängigkeit

198 Wenn die Personengesellschaft abhängig von einem herrschenden Unternehmen ist, ohne einer einheitlichen Leitungsmacht unterstellt zu sein, sind die §§ 311 ff. AktG nicht anwendbar, wodurch auch ein Nachteilsausgleich hiernach nicht stattfindet.[210] Vielmehr trifft das herrschende Unternehmen eine weitreichende Treuepflicht aus dem Gesellschaftsvertrag gegenüber der Personengesellschaft. Hieraus folgt unter anderem ein Schädigungsverbot sowie Unterrichtungspflichten bei drohenden Interessenkonflikten oder einer schädigenden Einflussnahme.[211] Bei einer Verletzung der Pflicht können die Gesellschafter im Wege einer actio pro socio[212] einen Schadensersatzanspruch der Gesellschaft gemäß § 280 BGB gegenüber dem herrschenden Unternehmen geltend machen. Hierbei gilt nicht die Haftungsprivilegierung des § 708 BGB für die eigenübliche Sorgfalt (vgl. § 277 BGB), sondern es wird vielmehr aufgrund der Gefährdungslage eine Beweislastumkehr hinsichtlich der Pflichtverletzung angenommen.[213] Dem Gläubigerschutz wird durch die persönliche Haftung des herrschenden Unternehmens über dessen akzessorische Gesellschafterhaftung nach § 128 HGB

---

203 *Emmerich/Habersack*, Konzernrecht, § 34 Rdnr. 22.
204 So *Kuhlmann/Ahnis*, Konzern- und Umwandlungsrecht, Rdnr. 916.
205 Vgl. auch BayObLG, NJW 1993, 1804 – BSW.
206 *Hopt*, in: Baumbach/Hopt, HGB, § 105 Rdnr. 105; *Kuhlmann/Ahnis*, Konzern- und Umwandlungsrecht, Rdnr. 916.
207 *Emmerich/Habersack*, Konzernrecht, § 34 Rdnr. 19.
208 *Emmerich/Habersack*, Konzernrecht, § 34 Rdnr. 20; zu den Grenzen durch § 308 AktG siehe schon Rdnrn. 64 ff.
209 BGH NJW 1980, 231 – Gervais-Danone.
210 *Emmerich/Habersack*, Konzernrecht, § 34 Rdnr 3.
211 Vgl. hierzu und zu weiteren Pflichten *Hopt*, in: Baumbach/Hopt, HGB, § 105 Rdnr. 103.
212 Vgl. Fn. 185.
213 H.M., vgl. *Emmerich/Habersack*, Konzernrecht, § 34 Rdnr. 3.

– welche analog auch auf die Gesellschaft bürgerlichen Rechts Anwendung findet – sowie darüber hinaus über eine Durchgriffshaftung bei existenzgefährdenden oder -vernichtenden Eingriffen Rechnung getragen.[214] Bislang unklar ist, ob schon bei einfacher Abhängigkeit außerdem eine Verlustausgleichspflicht (§§ 302, 303 AktG analog) eingreift.[215]

3.3 Faktischer Konzern

Wenn neben einer Abhängigkeit die abhängige Personengesellschaft sich der einheitlichen Leitung des herrschenden Unternehmens unterstellt, wird hierdurch ein faktischer Konzern begründet.[216] Die Folgen einer solchen Konzernierung hängen ab von der Frage, ob dieser Konzern mit oder ohne die Zustimmung der Gesellschafter der Personengesellschaft begründet worden ist.

199

3.3.1 Begründung eines faktischen Konzerns

Die Unterordnung unter die einheitliche Leitungsmacht eines herrschenden Unternehmens stellt einen schwerwiegenden Eingriff in die Mitverwaltungsrechte der übrigen Gesellschafter dar. Es wird gleichsam der Zweck der Gesellschaft dahingehend geändert, dass nunmehr das Konzerninteresse im Vordergrund steht. Einer solchen Zweckänderung müssen daher alle Gesellschafter zustimmen.[217] Diese Zustimmung kann bereits im Gesellschaftsvertrag im Wege einer Konzernierungsklausel vorweggenommen werden. Allerdings muss diese auf einen konkreten Einzelfall bezogen sein; eine generelle, allgemein gehaltene Klausel hingegen vermag die Zustimmung im Einzelfall nicht zu ersetzen.[218]

200

3.3.2 Rechtsfolgen

Bei einer faktischen Konzernierung haftet das herrschende Unternehmen in jedem Fall nach den allgemeinen zivilrechtlichen Regeln.[219] Darüber hinaus unterscheiden sich die Rechtsfolgen der faktischen Konzernierung nach dem Vorliegen der Zustimmung der Gesellschafter.

201

Wenn eine wirksame Zustimmung vorliegt, erhält das herrschende Unternehmen ein Weisungsrecht gegenüber der abhängigen Gesellschaft, welches lediglich durch die bestehende gesellschaftsrechtliche Treuepflicht eingeschränkt wird.[220]

---

214 *Hopt*, in: Baumbach/Hopt, HGB, § 105 Rdnr. 103 m. w. Nachw.
215 So *Emmerich/Habersack*, Konzernrecht, § 34 Rdnrn. 11 u. 15; a.A. etwa *Hopt*, in: Baumbach/Hopt, HGB, § 105 Rdnr. 103, der hierfür zumindest das Vorliegen eines faktischen Konzerns fordert.
216 Zum faktischen Konzern siehe Kapitel 6.
217 *Emmerich/Habersack*, Konzernrecht, § 34 Rdnr. 13 unter Verweis auf §§ 33, 138 Abs. 1, 705 BGB.
218 H.M.; vgl. *Hopt*, in: Baumbach/Hopt, § 105 Rdnr. 102; *Emmerich/Habersack*, Konzernrecht § 34 Rdnr. 14; *Jäger*, DStR 1997, 1813 (1817).
219 Siehe Rdnr. 198.
220 *Emmerich/Habersack*, Konzernrecht, § 34 Rdnr. 15.

Bei Fehlen einer wirksamen Zustimmung, haben die übrigen Gesellschafter einen Anspruch auf Unterlassung der Einflussnahme (§ 1004 BGB) sowie auf Schadensersatz gemäß § 280 BGB gegen das herrschende Unternehmen, welcher im Wege der Naturalrestitution (§ 249 Abs. 1 BGB) zur Rückgängigmachung der Konzernbegründung führen kann.[221] Im Übrigen gelten die gleichen Rechtsfolgen wie bei Vorliegen eines Zustimmungsbeschlusses.

3.4 Qualifiziert faktischer Konzern

202 Wenn die abhängige Personengesellschaft derart geschädigt ist, dass dies nicht mehr auf eine einzelne Maßnahme der Einflussnahme zurückzuführen ist und damit das Haftungsregime des § 280 BGB versagt, liegt ein qualifizierter faktischer Konzern vor. Dieser begründet zu Zwecken des Gläubigerschutzes zusätzlich zur bestehenden allgemeinen zivilrechtlichen Haftung gegenüber der abhängigen Personengesellschaft eine Verlustausgleichspflicht gemäß § 302 AktG analog.[222]

4. Lernkontrolle

Frage 1: Wieso kann die Abhängigkeitsvermutung des § 17 Abs. 2 AktG nicht auf Personengesellschaften angewandt werden?

Frage 2: Wie werden die Mitwirkungsbefugnisse der Gesellschafter einer herrschenden Personengesellschaft auf die Konzerngeschäftsführung gesichert?

Frage 3: Kann eine Personengesellschaft, deren Gesellschafter lediglich natürliche Personen sind, einen Beherrschungsvertrag im Sinne von § 291 Abs. 1 AktG abschließen?

Frage 4: Welchen Schutz genießt die Personengesellschaft im faktischen und im qualifiziert faktischen Konzern?

---

221 *Emmerich/Habersack*, Konzernrecht, § 34 Rdnr. 16.
222 Siehe schon Rdnr. 198; so auch Emmerich/Habersack, § 34 Rdnr. 15; *Hopt*, in: Baumbach/Hopt, § 105 Rdnr. 104; a.A. jedoch *Kuhlmann/Ahnis*, Konzern- und Umwandlungsrecht, Rdnr. 915, welche die Anwendung der Regelungen über den existenzvernichtenden Eingriff vorziehen.

Kapitel 11
Überblick – Arbeitsrecht im Konzern

Literatur: *Emmerich/Habersack*, Konzernrecht, 9. Auflage 2008, § 4; *Zöllner/Loritz/Hergenröder*, Arbeitsrecht, 6. Auflage 2008, §§ 34, 35, 47; *Timm*, Grundfälle zum Konzernrecht, JuS 1999, 966 ff.

1. Einführung

Ein Konzern stellt zwar einen Zusammenschluss dar, der mitunter als Einheit vom Verkehr wahrgenommen wird. Ungeachtet dessen sind die Konzernunternehmen ausweislich § 18 AktG rechtliche selbständige Subjekte. Dennoch werden Arbeitnehmer im Rahmen eines Konzerns oftmals nicht nur für ein einziges, sondern für mehrere Konzernunternehmen eingesetzt. Zu denken sei hier nur an eine IT-Abteilung, welche aus dem Kernunternehmen ausgegliedert worden ist.

Daraus ergeben sich Besonderheiten sowohl im Individual- als auch im Kollektivarbeitsrecht.

2. Individualarbeitsrecht

Individualarbeitsrechtlich stellt sich zunächst die Frage, wer überhaupt als Arbeitgeber – und damit als Gegenpart zum Arbeitnehmer – anzusehen ist. Durch den Charakter eines Zusammenschlusses mehrerer Unternehmen könnte das Bestehen eines Konzerns darüber hinaus auch Auswirkungen auf beschäftigungsabhängige Vergünstigungen (etwa die Anwendbarkeit des Kündigungsschutzgesetzes nach § 1 Abs. 1 KSchG) haben. Insbesondere kommen hier vielfältigere Weiterbeschäftigungsmöglichkeiten als in einem Einzelunternehmen in Betracht.

2.1 Person des Arbeitgebers

Die Regeln über den Dienstvertrag (§§ 611 ff. BGB), das Weisungsrecht nach § 106 GewO, die Zulässigkeit befristeter Arbeitsverhältnisse nach § 14 TzBfG sowie zahlreiche weitere Rechtsnormen knüpfen an den Begriff des „Arbeitgebers" an. Dies ist typischerweise der Vertragspartner des Arbeitnehmers, weshalb der Arbeitgeber eine natürlich oder juristische Person sein muss. Der Konzern als solcher scheidet somit mangels Rechtspersönlichkeit als Arbeitgeber aus. Daher haben sich drei verschiedene vertragliche Konstruktionen herausgebildet, welche den Besonderheiten eines Konzerns Rechnung tragen.

So kann ein Arbeitnehmer ein Arbeitsverhältnis eingehen, bei dem nicht nur ein, sondern zwei oder mehr Konzernuntergesellschaften als Vertragspartner fungieren. Der Arbeitnehmer teilt mithin seine Arbeitskraft auf und die Konzerngesellschaften teilen die Lohnzahlung – im Wege einer Gesamtschuldnerschaft – untereinander auf.

207 Im Rahmen eines Doppelarbeitsverhältnisses schließt der Arbeitnehmer einen Vertrag mit nur einem Konzernunternehmen. Inhalt des Vertrages ist es jedoch ausdrücklich, dass die Arbeitsleistung – ganz oder teilweise – auch für Unternehmen des Konzerns erbracht wird.

208 Endlich kommt noch eine Delegation des Weisungsrechts des Arbeitgebers in Betracht: Hierbei ist Vertragspartner des Arbeitnehmers ebenfalls nur ein Konzernunternehmen. Im Rahmen dieser praktisch bedeutsamsten Gestaltung[223] wird durch eine arbeitsvertragliche Regelung das Direktionsrecht aus § 106 GewO auf ein oder mehrere Konzernunternehmen übertragen.

2.2 Kündigungsschutz im Konzern

209 Das Vorliegen eines Konzerns kann auf zweierlei Arten relevant für den Kündigungsschutz sein: Neben der Anwendbarkeit des Kündigungsschutzgesetzes in persönlicher (§ 1 Abs. 1 KSchG) und sachlicher (§ 23 Abs. 1 KSchG) Hinsicht kann auch die Frage der Wirksamkeit betriebsbedingter Kündigungen tangiert sein.

Das Kündigungsschutzgesetz ist nur anwendbar, wenn der Arbeitnehmer mehr als sechs Monate im jeweiligen Betrieb als organisatorische Einheit, innerhalb derer arbeitstechnische Zwecke verfolgt werden,[224] beschäftigt ist. Mitunter wird erwogen, eine konzerndimensionale Betrachtung anzulegen.[225] Dies würde vor allem dann relevant, wenn ein Arbeitnehmer innerhalb eines Konzerns häufig die jeweiligen Betriebe wechselt und so – theoretisch – niemals länger als die geforderten sechs Monate in einem Betrieb arbeitet.

210 Darüber hinaus müssen im relevanten Betrieb regelmäßig mehr als zehn Mitarbeiter beschäftigt sein (§ 23 Abs. 1 S. 3 KSchG). Sofern der Arbeitnehmer lediglich bei einer – personalschwachen – Holding angestellt ist und damit das Kündigungsschutzgesetz nicht greift, könnte dies durch einen „Berechnungsdurchgriff" auf den Gesamtkonzern überwunden werden. Diese Rechtsfigur wird jedoch überwiegend abgelehnt.[226]

211 Ungeachtet dessen kann ein Konzern für den Arbeitnehmer auch dann günstig sein, wenn das Kündigungsschutzgesetz erst einmal anwendbar ist. Eine Kündigung ist unter anderem dann gemäß § 1 Abs. 2 KSchG unwirksam, wenn einem Arbeitnehmer trotz bestehender Weiterbeschäftigungsmöglichkeit gekündigt wird. Die Breite des Angebots möglicher Arbeitsplätze hängt demnach davon ab, ob das Kündigungsschutzgesetz den Konzern als Ganzes oder nur den einzelnen Betrieb in den Blick nimmt.

212 Grundsätzlich wird – dem Wortlaut des § 1 Abs. 2 KSchG folgend – lediglich der Betrieb als Bezugsgröße angesehen.[227] Daher kann ein Arbeitnehmer sich im Rahmen ei-

---

223 *Rid*, NZA 2011, 1121 (1122).
224 *Preis*, in: Ascheid/Preis/Schmidt, Kündigungsrecht, 12. Aufl. 2012, Grundlagen C Rdnr. 83.
225 Vgl. Nachweise bei *Timm*, JuS 1999, 966 (970).
226 Etwa *Moll*, in Ascheid/Preis/Schmidt, Kündigungsrecht, § 23 Rdnr. 8a m. w. Nachw.
227 St. Rspr.; vgl. etwa BAG NZA 2007, 30; BAG NZA 2008, 939.

nes Kündigungsprozesses nicht darauf berufen, dass bei einem Konzernunternehmen eine Weiterbeschäftigung möglich sei.

Da dies mitunter als unbillig angesehen wird,[228] ist höchst ausnahmsweise auch eine Ausdehnung auf den Konzern vorzunehmen, wenn besondere – vertragliche oder faktische – Umstände dies rechtfertigen.[229] Dies kann beispielsweise der Fall sein, wenn ein Arbeitsvertrag eine Konzernversetzungsklausel vorsieht. Die Rechtsfolgen – von einer Unwirksamkeit der Kündigung über einen Anspruch auf Verschaffung eines Arbeitsplatzes bis hin zu Schadensersatz – sind jedoch bislang unklar; insbesondere hat sich hierzu noch keine Rechtsprechungspraxis herausgebildet.[230]

213

2.3 Sonstige beschäftigungsabhängige Vergünstigungen

Eine Anerkennung des „Konzerns" als zumindest arbeitsrechtliches Rechtssubjekt hätte darüber hinaus auch Einfluss auf sonstige Vergünstigungen, die an die Beschäftigungsdauer eines Arbeitnehmers anknüpfen. Hier kommen vor allem § 622 Abs. 2 BGB und § 1 BetrAVG in Betracht.[231] Diese knüpfen jedoch dem Wortlaut nach nicht an den Konzern an, so dass hier eine erweiternde Auslegung – oder eine Änderung durch den Gesetzgeber – vorzunehmen wäre, wollte man den Konzern hierfür heranziehen.

214

3. Kollektivarbeitsrecht

Im kollektiven Arbeitsrecht stellen sich Fragen nach Abschluss und Gültigkeit von Tarifverträgen sowie der Mitbestimmung im Konzern.

215

3.1 Tarifverträge

Für die Vergütung und andere Themen des Arbeitsrechts in einem Unternehmen werden in Deutschland vielfach Tarifverträge abgeschlossen.[232] Ein Konzern ist nicht rechts- und damit als solcher nicht tariffähig im Sinne des § 2 Abs. 1 Tarifvertragsgesetz (TVG). Um in einem Konzern dennoch einheitliche Verhältnisse herbeizuführen, behilft sich die Praxis mit folgenden Gestaltungsalternativen:

216

(1) Abschluss eines mehrgliedriger Tarifvertrags, in dem sämtliche Konzerngesellschaften Vertragspartei werden oder
(2) Abschluss des Tarifvertrags durch die Konzernobergesellschaft im eigenen Namen und (erkennbar auch) im Namen der jeweiligen Konzerngesellschaften, wodurch auch alle Konzerngesellschaften Vertragspartei werden.

---

228 *Rid*, NZA 2011, 1121 (1123).
229 Etwa BAG NZA 1999, 539; BAG v. 18.09.2003 – 2 AZR 139/03.
230 Hierzu *Rid*, NZA 2011, 1121 (1123 ff.).
231 *Timm*, JuS 1999, 966 (969).
232 Zum Thema Tarifvertrag vgl. *Zöllner/Loritz/Hergenröder*, Arbeitsrecht, §§ 34 u. 35.

3.2 Konzernbetriebsrat

217 Das klassische Instrument der Arbeitnehmervertretung ist der Betriebsrat. In deutschen Unternehmen sieht das Betriebsverfassungsgesetz (BetrVG) verschiedene Gremien für die Arbeitnehmervertretung vor: im einzelnen Betrieb den Betriebsrat, in Unternehmen mit mehreren Betriebsstätten den Gesamtbetriebsrat und in einem Konzern mit mehreren Unternehmen den Konzernbetriebsrat. Die §§ 54-59a BetrVG sind die gesetzliche Grundlage für die Bildung und Geschäftsführung des Konzernbetriebsrats. Ausgangspunkt ist die Bildung des Konzernbetriebsrats durch Beschluss der bestehenden Gesamtbetriebsräte eines Unternehmens. Besteht in einem Konzernunternehmen nur ein Betriebsrat, so nimmt dieser gemäß § 54 Abs. 2 BetrVG die Aufgabe eines Gesamtbetriebsrats wahr. Die Zuständigkeiten des Konzernbetriebsrats richten sich nach § 58 BetrVG. Im Wesentlichen ist der Konzernbetriebsrat für die Behandlung von Angelegenheiten zuständig, die den Konzern oder mehrere Konzernunternehmen betreffen und die nicht durch die einzelnen Gesamtbetriebsräte geregelt werden können. Ein Beispiel für die Zuständigkeit sind Sozialeinrichtungen, deren Wirkungsbereich sich auf den ganzen Konzern erstrecken wie zum Beispiel eine betriebliche Altersversorgung. Im Rahmen seiner Zuständigkeiten kann ein Konzernbetriebsrat mit der Konzernobergesellschaft auch Konzernbetriebsvereinbarungen abschließen.

3.3 Europäischer Betriebsrat

218 Bei dem Europäischen Betriebsrat handelt es sich um ein Gremium, das die Funktion der Unterrichtung und Anhörung der Arbeitnehmer in grenzüberschreitend tätigen Unternehmen wahrnimmt. Hierbei handelt es sich jedoch nicht um einen Betriebsrat im Sinne der deutschen Betriebsverfassung, sondern eher um einen Wirtschaftsausschuss, da der Europäische Betriebsrat etwa über keine Mitbestimmungsrechte verfügt, aber von der Unternehmensführung über strategische Entscheidungen rechtzeitig informiert werden soll, die sich auf die Arbeitnehmer auswirken.[233] Praktisch relevante Fälle sind insbesondere Massenentlassungen, Betriebsstilllegungen und Umstrukturierungen. In Deutschland sind die Einzelheiten im Europäischen Betriebsrätegesetz (EBRG) geregelt, welches die Umsetzung einer Vorgabe der Europäischen Union ist.[234]

219 Ein Europäischer Betriebsrat muss eingerichtet werden, wenn das betreffende (Konzern-) Unternehmen im Europäischen Wirtschaftsraum mehr als 1000 Arbeitnehmer beschäftigt, davon mindestens 150 in zwei verschiedenen Ländern des Europäischen Wirtschaftsraums (§ 3 EBRG). Das Gesetz enthält keine präzisen Vorgaben hinsichtlich Struktur und Arbeitsweise des Europäischen Betriebsrats. Im Wege einer weitestgehend frei gestaltbaren Betriebsvereinbarung können die Arbeitgeber- und die Arbeitnehmerseite daher die Detailfragen selbst schriftlich niederlegen. Zur Errichtung eines Europäischen Betriebsrats wird ein länderübergreifendes „Besonderes Verhandlungs-

---

233 Vgl. *Zöllner/Loritz/Hergenröder*, Arbeitsrecht, § 47 VII.
234 Vgl. Richtline 94/45/EG vom 22. September 1994.

gremium" gebildet, das mit der zentralen Unternehmensleitung eine Vereinbarung über die Art und Weise der Unterrichtung und Anhörung der Arbeitnehmer abschließt (§§ 8 ff. EBRG).

3.4 Mitbestimmung im Konzern[235]

Die Mitbestimmung betrifft die Frage der wirtschaftlichen Mitbestimmung der Arbeitnehmer an unternehmerischen Entscheidungen. Damit dies im Konzern effektiv erfolgen kann, ist eine Beteiligung der Arbeitnehmer an den Entscheidungsgremien der Konzernspitze erforderlich. In Deutschland regeln das Mitbestimmungsgesetz (MitbestG) für Großunternehmen ab 2000 Arbeitnehmern und sonst das Drittelbeteiligungsgesetz (DrittbeteiligungsG) (ab 500 Arbeitnehmern) die Beteiligung im Aufsichtsrat und bei einer Aktiengesellschaft auch im Vorstand. Für Konzerne ist die einschlägige Norm § 5 MitbestG.[236] Die Mitbestimmungsregelungen sind jedoch rein national, wodurch keine Bindung ausländischer Unternehmen (z.B. Konzernspitze im Ausland) an deutsches Mitbestimmungsrecht möglich ist; im Falle einer Societas Europaea findet als lex specialis das SE-Beteiligungsgesetz (SEBG) Anwendung.[237]

220

4. Lernkontrolle

Frage 1: Kann ein Konzern als solcher Partei eines Arbeitsvertrags sein? Wenn nicht: Welche Möglichkeiten zur Gestaltung eines Arbeitsverhältnisses bestehen, um den Besonderheiten eines Konzerns Rechnung zu tragen?

Frage 2: Wieso ist für den Arbeitnehmer von Vorteil, wenn das Kündigungsschutzgesetz konzerndimensional angewandt wird?

Frage 3: Was versteht man unter Mitbestimmung?

---

235 Hierzu ausführlich *Nicoleyczik/Führ*, DStR 2010, 1743.
236 Vgl. *Emmerich/Habersack*, Konzernrecht, § 4 Rdnrn. 50 ff.
237 *Emmerich/Habersack*, Konzernrecht, § 4 Rdnrn. 48 u. 49.

Kapitel 12
Überblick – Steuerrecht im Konzern

Literatur: *Birk*, Steuerrecht, 14. Auflage 2011, § 6; *Tipke/Lang*, Steuerrecht, 20. Auflage 2010, §§ 12-18, *Grefe*, Unternehmenssteuern, 12. Auflage 2009, C, D, E; *Kessler/Kröner/Köhler*, Konzernsteuerrecht, 2. Auflage 2008.

1. Einführung

221 Mit dem Konzernrecht eng verknüpft ist das Konzernsteuerrecht. Der Konzern selbst ist jedoch kein eigenständiges Steuersubjekt, sodass weiterhin die jeweiligen Konzerngesellschaften Steuerschuldner sind. Dies hat Folgen für die steuerliche Gestaltung der Rechtsbeziehungen zwischen den Konzerngesellschaften.

2. Ertragsbesteuerung im Konzern

222 Aus Sicht der Anteilsinhaber auf der obersten Ebene ist primär die Ertragsteuer relevant. Regelmäßig soll nämlich an die Gesellschafter der Konzernmutter der auf allen Ebenen des Konzerns erwirtschaftete Gewinn ausgeschüttet werden. Wird aber auf jeder Zwischenebene unter der Konzernmutter der jeweilige Gewinn besteuert, so reduziert sich mitunter der letztlich ausschüttbare Betrag erheblich. Maßgebliche Grundlage für Ertragssteuern in Deutschland sind das Einkommensteuergesetz (EStG), das Körperschaftsteuergesetz (KStG) sowie das Gewerbesteuergesetz (GewStG) nebst Richtlinien (EStR, KStR, GewStR) und Erlassen. Das Einkommensteuergesetz betrifft natürliche Personen und damit auch Gesellschafter von Personengesellschaften, da die Personengesellschaft selbst kein Steuersubjekt ist. Das Körperschaftsteuergesetz wiederum betrifft Körperschaften, Personenvereinigungen und Vermögensmassen, insbesondere Kapitalgesellschaften, nicht jedoch Personengesellschaften. Besteuert wird jeweils der Gewinn, wobei dies unabhängig davon ist, ob dieser ausgeschüttet wird oder im Unternehmen verbleibt (sog. Thesaurierung).

2.1 Organschaft

223 Die Besteuerung der Gewinne auf zwei (oder mehreren) Ebenen (Mutter- und Tochtergesellschaft) kann durch die Bildung einer (ertragsteuerlichen) Organschaft vermieden werden. Die ertragsteuerliche Organschaft ist in den §§ 14 ff. KStG geregelt. Eine grenzüberschreitende Organschaft ist bislang nicht möglich.[238]

224 Liegen diese nachfolgend näher erläuterten Voraussetzungen vor, werden die beteiligten Unternehmen (ertrag-) steuerlich wie eine Gesellschaft behandelt.[239]

---

238 Vgl. aber BFH DStR 2011, 762 zur gewerbesteuerlichen Organschaft bei Doppelbesteuerungsabkommen (DBA); siehe zu jüngsten Entwicklungen bei der grenzüberschreitenden Organschaft *Burwitz*, NZG 2012, 496 (498); *Glahe*, IStR 2012, 128.
239 Siehe hierzu auch *Lohr/Görges*, DB 2010, 2576.

2.1.1 Organgesellschaft

Als Organgesellschaften kommen nur Kapitalgesellschaften mit Geschäftsleitung und Sitz in Deutschland in Betracht (sog. doppelter Inlandsbezug). Angesichts der Niederlassungsfreiheit (Artt. 49, 54 AEUV) ermöglicht die Finanzverwaltung, dass auch Kapitalgesellschaften, die im EU-/EWR-Ausland gegründet wurden und über eine inländische Geschäftsleitung verfügen, als Organgesellschaft fungieren können.[240] Grenzüberschreitende Organschaften hingegen sind nach deutschem Recht bislang nicht möglich.[241]

225

2.1.2 Organträger

Organträger können zunächst inländische gewerbliche Unternehmen sein. Dies sind nach § 14 Abs. 1 S. 1 Nr. 2 KStG

226

(1) unbeschränkt steuerpflichtige natürliche Personen als Einzelunternehmer,
(2) nicht steuerbefreite Kapitalgesellschaften mit Geschäftsleitung im Inland oder
(3) gewerblich tätige Personengesellschaften mit Geschäftsleitung im Inland.

Darüber hinaus kann auch ein ausländisches gewerbliches Unternehmen, das im Inland eine im Handelsregister eingetragene Zweigniederlassung unterhält, nach Maßgabe von § 18 KStG Organträger sein.

2.1.3 Finanzielle Eingliederung

Die Organgesellschaft ist in den Organträger finanziell eingegliedert, wenn der Organträger direkt oder indirekt eine Mehrheit der Stimmrechte an der Organgesellschaft besitzt. Bei mittelbarer Beteiligung muss an jeder vermittelnden Gesellschaft die Mehrheit der Stimmrechte gehalten werden.[242] Ferner muss ein Gewinnabführungsvertrag mit einer Laufzeit von mindestens fünf Jahren abgeschlossen worden sein und tatsächlich durchgeführt werden (§ 14 Abs. 1 S. 1 Nr. 3 KStG).[243]

227

2.2 Dividendenbesteuerung im Konzern

Zentral für die Besteuerung im Konzern in Deutschland ist das Dividendenprivileg des § 8b KStG. Danach sind sämtliche Dividenden bei der empfangenden Kapitalgesellschaft steuerfrei. Erst bei Ausschüttung an eine natürliche Person – üblicherweise Anteilsinhaber der Muttergesellschaft – erfolgt dann die Besteuerung dieser Erträge. Allerdings ist zu beachten, dass bei der Ermittlung des zu versteuernden Einkommens der Dividendenempfängergesellschaft von dem Dividendenbetrag ein Anteil von 5% als nicht abziehbare Betriebsausgaben zu dem vorläufigen steuerlichen Ergebnis wieder hinzugerechnet wird (§ 8b Abs. 3 KStG).[244] Bei Personengesellschaften erfolgt

228

---

240 BMF v. 28.03.2011, DStR 2011, 674.
241 Siehe zu jüngsten Entwicklungen *Burwitz*, NZG 2012, 496 (498); *Glahe*, IStR 2012, 128.
242 Vgl. § 14 R 57 S. 4 KStR.
243 Näher hierzu *Grefe*, Unternehmenssteuern, C. 3. 2. 2; § 14 R 60 KStR.
244 Zur Europarechtskonformität EuGH Rs. C-377/07 – STEKO.

keine Dividendenausschüttung sondern die Besteuerung der Erträge auf der Ebene des einzelnen Gesellschafters, da die Personengesellschaft selbst kein Steuersubjekt nach dem Körperschaftsteuergesetz ist (sog. Durchgriffsbesteuerung).

2.3 Zinsschranke

229 Für die Besteuerung im Konzern ist auch die sogenannte Zinsschranke von Bedeutung (§ 8a KStG). Diese legt fest, in welcher Höhe etwa Zinsen für Fremdkapital, also beispielsweise Bankdarlehen, von den zu versteuernden Einkünften abziehbar sind. Der Abzug von Zinsaufwand reduziert den zu versteuernden Bilanzgewinn.[245]

2.4 Grenzüberschreitende Gewinn-/Verlustverlagerung im Konzern

230 Bei Konzernen mit Tochtergesellschaften und Betriebsstätten im Ausland spielt die Möglichkeit der Beeinflussung beziehungsweise Verschiebung von Erträgen und Verlusten zwischen den Konzerngesellschaften eine wichtige Rolle. Innerhalb der Europäischen Union spielt die Niederlassungsfreiheit (Artt. 49, 54 AEUV) und das daraus abgeleitete Diskriminierungsverbot eine zentrale Rolle bei der Frage, inwiefern Verluste grenzüberschreitend geltend gemacht werden können. Hierzu hat der Europäische Gerichtshof in mehreren Entscheidungen Kriterien herausgearbeitet, die eine solche Verlustverlagerung nur unter sehr eingeschränkten Voraussetzungen zulassen.[246] Letztlich muss hierfür eine Finalität der Verluste vorliegen, wobei diese nach dem Europäischen Gerichtshof als endgültiger und nicht mehr anderweitig nutzbarer Verlust zu verstehen ist. Nach der Rechtsprechung des Bundesfinanzhofs wird eine Verlustfinalität bei Endgültigkeit aus tatsächlichen Gründen gefordert, rechtliche Gründe allein reichen nicht aus.[247]

2.5 Beteiligungserwerb und Verlustuntergang

231 Für die Ermittlung der Ertragsteuern bei Konzernbildung und konzerninternen Umstrukturierungen durch Beteiligungserwerb ist die Regelung in § 8c KStG zu beachten. Danach sind bislang nicht genutzte Verluste nicht mehr von positiven Einkünften abziehbar, wenn ein schädlicher Beteiligungserwerb nach § 8c KStG stattfindet.[248] Ohne diese Regelung könnte ein Unternehmen seine Steuerlast dadurch reduzieren, dass es eine Gesellschaft mit hohen, nicht genutzten Verlusten erwirbt.

---

245 Vgl. hierzu *Janssen*, RIW 1997, 666.
246 EuGH Rs. C-446/03 – Marks & Spencer; EuGH Rs. C-196/04 – Cadbury Schweppes; EuGH Rs. C-414/06 – Lidl Belgium; EuGH, Rs. C-337/08 – X Holding BV; *Quilitzsch*, DB 2010, 2757.
247 Vgl. hierzu *Kessler/Philipp*, IStR 2010, 865.
248 Vgl. *Wagner*, DB 2010, 2751.

3. Gewerbesteuer im Konzern

Die Gewerbesteuer stellt eine Gemeindesteuer dar, die nach dem bundeseinheitlichen Gewerbesteuergesetz erhoben wird (§ 1 GewStG). Sie ist eine praktisch äußerst wichtige Einnahmequelle für die Kommunen.

232

3.1 Grundzüge der Gewerbesteuer

Nach § 2 Abs. 1 GewStG ist Gegenstand der Gewerbesteuer der Gewerbebetrieb mit seinen inländischen Betriebsstätten. Liegen im Falle eines Konzerns mehrere Betriebe in der Hand einer Konzernobergesellschaft und stellen sie eine wirtschaftliche Einheit dar, so wird hier ein Steuergegenstand angenommen. Andernfalls handelt es sich um mehrere selbständige Betriebe. Dies wirkt sich auf die Ergebnisverrechnung und die Gewährung von Freibeträgen aus. Da das Einkommen beziehungsweise der Gewinn die relevante Grundlage für die Gewerbesteuer ist, kommt der Berechnung dieses Gewinns eine besondere Bedeutung zu.

233

3.2 Gewerbesteuerliche Organschaft

Auch für die Gewerbesteuer ist gemäß § 2 Abs. 2 S. 2 GewStG eine Organschaft möglich. Die Voraussetzungen sind insoweit deckungsgleich mit denjenigen der körperschaftsteuerlichen Organschaft. Sind diese Bedingungen erfüllt, so wird nur der bei der Organgesellschaft ermittelte Gewerbeertrag dem Organträger zur Berechnung des Steuermessbetrags zugerechnet.[249]

234

4. Umsatzsteuer

Für Zwecke der Umsatzsteuer ist im Inland ebenfalls eine Organschaft möglich (§ 2 Abs. 2 S. 1 Nr. 2 UStG). Neben der finanziellen Eingliederung ist darüber hinaus jedoch noch eine solche in wirtschaftlicher und organisatorischer Hinsicht notwendig. Die Organgesellschaft und der -träger gelten dann umsatzsteuerlich als ein Unternehmen, was zur Konsequenz hat, dass bei einem Leistungsaustausch zwischen beiden stets ein nicht steuerbarer (Innen-) Umsatz vorliegt.

235

5. Grunderwerbsteuer

Das Grunderwerbsteuergesetz (GrEStG) besteuert grundsätzlich den Eigentümerwechsel an einem Grundstück. Bei konzerninternen Umstrukturierungen wird trotz des Eigentümerwechsels gemäß § 6a GrEStG die Steuer nicht erhoben, wenn ein Umwandlungsvorgang nach § 1 Abs. 1 Nrn. 1 bis 3 UmwG vorliegt und die Beteiligten fünf Jahre vor und fünf Jahre nach der Umstrukturierung herrschendes Unternehmen und abhängige Gesellschaft sind. Diese Abhängigkeit setzt eine während dieser zehn Jahre ununterbrochene Anteilsinhaberschaft von mindestens 95% voraus.

236

---

249 Vgl. Abschn. 14 Abs. 1 S. 9 GewStR.

Kapitel 13
Überblick – Bilanzierung im Konzern

Literatur: *Großfeld/Luttermann*, Bilanzrecht, 5. Auflage 2005, Rdnrn. 1229 ff.; *Graf Kanitz*, Bilanzkunde für Juristen, 2. Auflage 2010, Rdnrn. 776 ff.

1. Einführung

237 Die Begründung eines Konzerns führt weder dazu, dass eine neue juristische Person entsteht noch dazu, dass der Konzern als solcher Steuersubjekt wird. Vielmehr bleiben die einzelnen Gesellschaften (steuer-)rechtlich selbständig. Damit unterliegen diese unabhängig von ihrer Konzernierung grundsätzlich der Pflicht zur Rechnungslegung (vgl. §§ 238 ff. HGB). Nichtsdestotrotz wird ein Konzern vom Rechtsverkehr oftmals als Einheit wahrgenommen und tritt auch dergestalt auf. Somit besteht das Bedürfnis, eine Vermögensübersicht über den Konzern als Ganzes zu haben, weil sich hieraus letztlich die wirtschaftliche Potenz des Konzerns ablesen lässt. Daher ist nach § 297 Abs. 3 S. 1 HGB der Konzernabschluss so zu erstellen, als stellten Konzerngesellschaften ein einheitliches Unternehmen dar (sog. Einheitstheorie[250]). In diesem Konzernabschluss werden die Bilanzen sowie die Gewinn- und Verlustrechnungen der beteiligten Konzernunternehmen zusammengefasst und konzerninterne Beziehungen im Wege der Konsolidierung gemäß §§ 300-307 HGB aus der Darstellung entfernt. Ein Konzernabschluss hat jedoch – anders als die Jahresabschlüsse der einzelnen Konzerngesellschaften – weder eine Gewinn- noch eine Steuermessfunktion und dient gleichsam nur der Information über die Vermögens-, Finanz- und Ertragslage des Konzerns.[251] Relevant sind Konzernabschlüsse etwa bei Kreditvereinbarungen, bestimmten Kapitalmaßnahmen oder im Rahmen öffentlicher Prüfungsverfahren (vgl. §§ 342b ff. HGB).[252]

2. Beherrschender Einfluss

238 Der aktienrechtliche Konzernbegriff der §§ 15 ff. AktG knüpft vor allem daran an, ob eine einheitliche Leitungsmacht über zwei oder mehr Gesellschaften ausgeübt wird.[253] Bilanzrechtlich hingegen besteht für Kapitalgesellschaften und Personenhandelsgesellschaften[254] mit Sitz im Inland als Mutterunternehmen die Pflicht zur Aufstellung eines Konzernabschlusses, sofern sie einen beherrschenden Einfluss auf ein Tochterunternehmen ausüben können (§ 290 Abs. 1 S. 1 HGB). Eine tatsächliche Ausübung dieses Einfluss ist hingegen nicht notwendig.[255] Zentraler Begriff – dem insoweit die

---

250 *Merkt*, in: Baumbach/Hopt, Kommentar HGB, 35. Aufl. 2012, § 297 Rdnr. 3.
251 *Merkt*, in: Baumbach/Hopt, HGB, § 297 Rdnr. 2.
252 *Graf Kanitz*, Bilanzkunde für Juristen, Rdnr. 777.
253 Siehe hierzu Kapitel 2.
254 OHG und KG sind Kapitalgesellschaften nach Maßgabe von § 264a Abs. 1 HGB gleichgestellt; hinsichtlich weiterer Rechtsformen ist § 11 Abs. 1 PublG zu beachten.
255 BT-Drucks. 16/12407, S. 117.

Aufteilung in Tochter- und Mutterunternehmen folgt – ist damit der beherrschende Einfluss. Ein solcher liegt vor, wenn Geld- und Finanzpolitik eines (Tochter-) Unternehmens dauerhaft durch von einem anderen (Mutter-) Unternehmen bestimmt werden kann.[256] Darüber hinaus wird ein beherrschender Einfluss gemäß § 290 Abs. 2 HGB unwiderleglich vermutet, wenn (alternativ)

- ein Unternehmen die Stimmmehrheit in der Versammlung der Anteilsinhaber eines anderen Unternehmens inne hat (Nr. 1),
- Rechte zur Berufung und Abbestellung hinsichtlich der Organe bestehen und das Unternehmen gleichzeitig Gesellschafter ist (Nr. 2),
- ein Beherrschungsvertrag (§ 291 Abs. 1 AktG) oder eine vergleichbare Satzungsregelung besteht (Nr. 3) oder
- ein Unternehmen bei wertender Betrachtung die wesentlichen unternehmerischen Risiken eines anderen trägt (Nr. 4).

Wenn ein beherrschender Einfluss vorliegt, hat das Mutterunternehmen innerhalb von fünf Monaten ab Beginn des jeweiligen Geschäftsjahres einen Konzernabschluss (§ 297 Abs. 1 HGB) sowie einen Konzernlagebericht (§ 315 HGB) zu erstellen.

Gleichwohl trifft diese Rechtsfolge nicht auf sämtliche Konzerne zu. Kapitalmarktorientierte Unternehmen haben durch die 2005 in Kraft getretene IFRS-Verordnung[257] ihren Abschluss nach den International Accounting Standards (IAS) beziehungsweise den International Financial Reporting Standards (IFRS) zu erstellen.[258] Sie haben dennoch darüber hinaus gemäß § 315a HGB weiterhin bestimmte Anforderungen des Handelsgesetzbuchs im Rahmen dieser internationalen Abschlüsse zu beachten.

In einem mehrstufigen Konzern sehen die §§ 291, 292 HGB die Möglichkeit eines Befreiung von dieser Pflicht für untergeordnete Mutterunternehmen vor.

3. Konzernabschluss

Inhalt und Form des Konzernabschlusses regeln §§ 297–299 HGB. Gemäß § 297 Abs. 1 HGB besteht der Konzernabschluss insbesondere aus der Konzernbilanz sowie der Gewinn- und Verlustrechnung des Konzerns. Damit entspricht der Konzernabschluss insoweit dem Jahresabschluss von Kapitalgesellschaften (vgl. §§ 242 Abs. 3, 264 Abs. 1 S. 1 HGB).

---

256 Vgl. *Merkt*, in: Baumbach/Hopt, HGB, § 290 Rdnr. 6.
257 VO (EG) Nr. 1606/2002 des Europäischen Parlaments und des Rats vom 19. Juli 2002 betreffend die Anwendung internationaler Rechnungslegungsstandards, ABl. EG Nr. L 243 S. 1.
258 Zu IAS/IFRS vgl. *Großfeld/Luttermann*, Bilanzrecht, Rdnrn. 887 ff.; speziell zu IFRS *Bohl/Wiechmann*, IFRS für Juristen, 2. Aufl. 2010.

4. Konsolidierung[259]

241 Die Zusammenführung der jeweiligen Jahresabschlüsse der Konzerngesellschaften – insbesondere hinsichtlich Ansatz und Bewertung der Wirtschaftsgüter – geschieht im Wege der Konsolidierung nach Maßgabe der §§ 300-307 HGB. Hier ist zu unterscheiden zwischen der Konsolidierung von Kapital, von Schulden, des Zwischenergebnisses sowie von Aufwand und Ertrag. Gedanklich lässt sich eine Konsolidierung begreifen wie eine Verschmelzung: Die Tochterunternehmen verschwinden und gehen vollends auf das Mutterunternehmen über.[260]

Die Kapitalkonsolidierung (§ 301 HGB) führt zum Einbezug der Anteile des Tochterunternehmens in den Konzernabschluss. Dabei werden die Anteile des Mutterunternehmens an dem Tochterunternehmen mit dessen Eigenkapital verrechnet; in die Bilanz einbezogen wird nur eine eventuell entstehende Differenz.

Im Wege der Schuldenkonsolidierung (§ 303 HGB) sind alle Forderungen und Verbindlichkeiten, die auf konzerninternen Beziehungen beruhen, zu streichen. Denn bei einem einzigen Unternehmen (vgl. § 297 Abs. 3 S. 1 HGB) würden diese sich ebenfalls gegenseitig aufheben beziehungsweise erst gar nicht entstehen.

Zwischenergebnisse innerhalb des Konzerns sind gemäß § 304 HGB zu eliminieren. Solche Zwischenergebnisse können sich aus Bewertungs- und Ansatzunterschieden ergeben, die letztlich daraus resultieren, dass innerhalb eines Konzerns Lieferungs- und Leistungsbeziehung zwischen weiterhin rechtlich selbständigen Subjekten vorgenommen werden – wiederum gilt jedoch für den Konzernabschluss die Fiktion einheitlichen Unternehmens (§§ 297 Abs. 3 S. 1, 304 Abs. 1 a.E. HGB).

Schließlich ist § 305 HGB die Parallelregelung zu § 304 HGB, wobei ersterer die Gewinn- und Verlustrechnung des Konzerns und letzter die Konzernbilanz adressiert.

---

259 Hierzu ausführlich *Großfeld/Luttermann*, Bilanzrecht, Rdnrn. 1389 ff.
260 So auch *Graf Kanitz*, Bilanzkunde für Juristen, Rdnr. 791.

Kapitel 14
Cash-Pool

1. Begriff

Cash-Pooling ist eine Möglichkeit zur (Innen-) Finanzierung eines Konzerns. Im Rahmen eines solchen Systems nimmt die Konzernmutter die Position einer Bank ein: Die Bankguthaben der einzelnen Tochtergesellschaften werden (mitunter täglich) bei ihr saldiert und durch sie verwaltet. Hierdurch wird einerseits die Inanspruchnahme von Fremdkapital in Form von (Bank-) Darlehen vermieden und die Zinslast reduziert, andererseits können freie Mittel gebündelt angelegt und dadurch höhere Zinserträge erzielt werden. Darüber hinaus erleichtert Cash-Pooling die Liquiditätssteuerung im Konzern und reduziert den Verwaltungsaufwand.

242

2. Methoden des Cash-Pooling

Cash-Pooling kann sowohl „physisch" als auch „virtuell" betrieben werden.

243

Beim physischen Cash-Pool werden tatsächliche Überweisungen auf ein Zentralkonto getätigt: Die Tochtergesellschaften überweisen überschüssige Liquidität auf das Zentralkonto oder rufen diese bei Bedarf von dort ab. Rechtlich stellen diese Zahlungen jeweils Darlehen (§ 488 BGB) dar. Am Verfahren sind mindestens drei Parteien beteiligt: die Muttergesellschaft, eine Tochtergesellschaft und eine Bank. Es wird ein Vertrag zwischen der Bank und den Beteiligten geschlossen, der die Bank verpflichtet, entsprechende Liquiditätsüberschüsse automatisch auf das Zentralkonto zu überweisen.

244

Eine Methode ohne Überweisungen stellt das virtuelle Cash-Pooling dar. Hierbei werden lediglich die Kontostände der einzelnen Gesellschaften rechnerisch auf einem fiktiven Konto saldiert, das Geld verbleibt jedoch auf den jeweiligen Konten. Dieser rechnerische Wert bildet dann die Grundlage für die Verzinsung von Guthaben auf dem Zentralkonto. Dieses Verfahren dient nur der Zinsoptimierung.[261]

245

3. Rechtsprobleme

Ein physisches Cash-Pooling berührt Fragen der Kapitalaufbringung und -erhaltung.

246

3.1 Kapitalaufbringung[262]

Gemäß § 13 Abs. 2 GmbHG und § 1 Abs. 2 S. 2 AktG haftet den Gesellschaftsgläubigern nur das Gesellschaftsvermögen. Daraus erklären sich die strikten Regelungen,

247

---

261 *Morsch*, NZG 2003, 97 (98).
262 Zu Einzelheiten vgl. *Ekkenga*, ZIP 2010, 2469.

die für die Leistung der Gesellschafter-Einlagen gelten (§ 19 GmbHG, § 27 AktG). Im Rahmen des Cash-Pooling erhält die Muttergesellschaft wieder Zugriff auf finanzielle Mittel der Konzerngesellschaften. Die Auswirkungen auf die Einlageverpflichtung (§ 14 GmbHG, § 54 AktG) hängen zunächst von der Richtung der Zahlungen ab.

248 Zahlungen von der Muttergesellschaft an die Tochtergesellschaft können eine verdeckte Sacheinlage gemäß § 19 Abs. 4 GmbHG, § 27 Abs. 3 AktG darstellen. Dies ist dann der Fall, wenn die Einlage trotz einer bestehenden Forderung der Muttergesellschaft erbracht wird: In diesem Fall dient die Einlage zur Tilgung der Verbindlichkeit, womit der Einlagegegenstand die Forderung der Muttergesellschaft ist. Der Wert der Sacheinlage wird auf die Einlageverpflichtung angerechnet (§ 19 Abs. 4 S. 3 GmbHG, § 27 Abs. 3 S. 3 AktG).

249 Ein „Hin-und-Her-Zahlen" nach § 19 Abs. 5 GmbHG, § 27 Abs. 4 AktG liegt hingegen vor, wenn die Tochtergesellschaften Liquidität an die Muttergesellschaften abführen. In diesem Fall lebt die Einlageverpflichtung der Muttergesellschaft grundsätzlich wieder auf. Die Gesellschafter sind jedoch dann nicht zur erneuten Einlage verpflichtet, wenn die Konzerngesellschaft einen vollwertigen Rückgewähranspruch erhält, der jederzeit fällig ist oder durch fristlose Kündigung durch die Tochtergesellschaft fällig werden kann (§ 19 Abs. 5 S. 1 GmbHG, § 27 Abs. 4 S. 1 AktG).[263] Die Frage der Vollwertigkeit ist aus einer bilanziellen Perspektive zum Zeitpunkt der Auszahlung zu beurteilen[264]; somit greifen die § 19 GmbHG und § 27 AktG im (Normal-) Fall eines Aktiv-Tausches nicht. Eine bilanzielle Betrachtungsweise bedeutet gleichwohl, dass der Anspruch nicht werthaltig ist, wenn ein konkretes Ausfallrisiko besteht.[265] Es kommt insoweit auf eine vernünftige kaufmännische Beurteilung an.[266]

3.2 Kapitalerhaltung

250 Die Grundsätze der Kapitalerhaltung (§ 30 GmbHG, § 57 AktG) sind sowohl berührt, wenn die Tochtergesellschaft Liquidität auf das Zentralkonto überführt (und damit der Muttergesellschaft ein Darlehen gewährt) als auch dann, wenn die Tochtergesellschaft zuvor vom Zentralkonto in Anspruch genommene Liquidität zurückführt (und damit eine Darlehensschuld begleicht).

251 Hinsichtlich der Ausreichung eines Darlehen untersagen § 30 Abs. 1 GmbHG und § 57 Abs. 1 AktG zu Zwecken des Gläubigerschutzes grundsätzlich, dass den Gesellschaftern ihre Einlage zurückgewährt wird – also durch die Zahlung eine Unterbilanz herbeigeführt oder verstärkt wird. Da jedoch mitunter beim Cash-Pooling jede überschüssige Liquidität zumindest zeitweise abgeführt wird, können hiervon auch die Einlagen der Gesellschafter erfasst sein. Für Konzerne sind daher mit § 30 Abs. 1 S. 2 GmbHG, § 57 Abs. 1 S. 3 AktG Sonderregelungen geschaffen worden, um Rechtsunsicherheit

---

263 Vgl. BGH DStR 2009, 1858 – Cash Pool II.
264 BT-Drucks. 16/6140 S. 34; *Märtens*, in: MüKo GmbHG, Bd. 1, 1. Aufl. 2010, § 19 Rdnr. 303.
265 Vgl. etwa BGH NZG 2009, 107 (108).
266 Ausführlich zum „Hin- und Her-Zahlen" *Herrler*, DStR 2011, 2255.

vor allem im Zusammenhang mit Cash-Pool-Systemen zu beseitigen.[267] Hiernach sind zunächst Zahlungen im Rahmen eines Beherrschungs- oder Gewinnabführungsvertrags[268] vom Rückzahlungsverbot ausgenommen. In diesen Fällen besteht durch das Schutzsystem des Konzernrechts (insbesondere Verlustausgleich nach § 302 AktG), welches anstelle der § 30 GmbHG, § 57 AktG tritt, eine ausreichende Sicherheit für die Gläubiger der Tochtergesellschaft. Gleichwohl hat auch der Anspruch auf Verlustausgleich werthaltig zu sein.[269] Außerhalb eines Vertragskonzerns – und damit insbesondere im Rahmen eines faktischen Konzerns – sind Zahlungen zulässig, die durch einen vollwertigen Rückgewähranspruch gedeckt sind. Für die Frage der Vollwertigkeit gelten die gleichen Grundsätze wie bei der Kapitalaufbringung.[270] Im Rahmen eines faktischen Konzerns hat die Geschäftsleitung der Tochtergesellschaft darüber hinaus die Werthaltigkeit des Rückzahlungsanspruchs nach der Zahlung laufend zu überprüfen.[271] Wenn eine Verschlechterung eintritt, besteht ein Kündigungsgrund seitens der Tochtergesellschaft (vgl. § 490 Abs. 1 BGB).

Wenn hingegen die Tochtergesellschaft zuvor abgerufene Liquidität zurücküberweist, kann auch dies eine Einlagenrückgewähr an die Gesellschafter darstellen. Allerdings gilt für die Fälle einer solchen Rückzahlung eines Gesellschafterdarlehens das Auszahlungsverbot nicht, da auch hier sich rein bilanziell keine Veränderung ergibt (§ 30 Abs. 1 S. 3 GmbHG, § 57 Abs. 1 S. 3 AktG).[272] Gleichwohl kann eine Gefährdung der Gläubiger eintreten, wenn die Liquidität an die Muttergesellschaft abgeführt wird und diese daraufhin insolvent wird. In diesen Fällen besteht mitunter die Möglichkeit der Insolvenzanfechtung der Rückzahlung der Tochtergesellschaft an die Muttergesellschaft (§§ 135, 143 InsO).[273]

252

---

267 BT-Drucks. 16/6140 S. 34 u. 40.
268 Vgl. hierzu Kapitel 4.
269 Vgl. die Nachw. bei *Altmeppen*, in: Roth/Altmeppen, Kommentar GmbHG, 7. Aufl. 2012, § 30 Rdnr. 99.
270 BT-Drucks. 16/6140, S. 40.
271 BGH AG 2009, 81 – MPS.
272 *Ekkenga*, in: MüKo GmbHG, § 30 Rdnr. 257.
273 Vgl. hierzu *Reuter*, NZI 2011, 921.

Kapitel 15
Überblick – Compliance im Konzern

Literatur: *Verse*, Compliance im Konzern – Zur Legalitätskontrollpflicht der Geschäftsleiter einer Konzernobergesellschaft, ZHR 2011, 401 ff.; *Fett/Theusinger*, Compliance im Konzern – Rechtliche Grundlagen und praktische Umsetzung, BB-Spezial 4.2010, 6 ff.; *Klahold/Kremer*, Compliance-Programme in Industriekonzernen, ZGR 2010, 113 ff.; *Schneider*, Compliance im Konzern, NZG 2009, 1321 ff.; *Koch*, Compliance-Pflichten im Unternehmensverbund?, WM 2009, 1013 ff.; *Fleischer*, Corporate Compliance im aktienrechtlichen Unternehmensverbund, CCZ 2008, 1 ff.

1. Der Compliance-Begriff

253 Eine Legaldefinition des Compliance-Begriffs existiert in Deutschland bislang nicht. Vielmehr wird der Begriff vom Gesetzgeber vorausgesetzt. So müssen zum Beispiel Wertpapierdienstleistungsunternehmen nach § 33 Abs. 1 S. 2 Nr. 1 Wertpapierhandelsgesetz (WpHG)

> „angemessene Grundsätze aufstellen, Mittel vorhalten und Verfahren einrichten, die darauf ausgerichtet sind, sicherzustellen, dass das Wertpapierdienstleistungsunternehmen selbst und seine Mitarbeiter den Verpflichtungen des WpHG nachkommen, wobei insbesondere eine dauerhafte und wirksame Compliance-Funktion einzurichten ist, die ihre Aufgaben unabhängig wahrnehmen kann."

Doch was genau bedeutet Compliance? Nach dem Wortsinn steht der aus der anglo-amerikanischen Rechtsterminologie stammende Begriff „Compliance" für die Einhaltung der für das Unternehmen geltenden Rechtsnormen.[274] Damit umfasst Compliance zunächst die allgemeine Verpflichtung zum rechtstreuen Verhalten. Dies ist zweifellos keine neue Erkenntnis. Daher ist Compliance in der Literatur auch bisweilen als „Binsenweisheit" bezeichnet worden.[275] Hinter dem Begriff verbirgt sich jedoch mehr als schlichte Gesetzestreue. Im anglo-amerikanischen Rechtskreis beschreibt Compliance vielmehr auch die Summe der organisatorischen Maßnahmen des Unternehmens, die dazu dienen, die Haftungsrisiken für das Unternehmen und dessen Leitungs- und Aufsichtsorgane zu minimieren.[276] Folglich enthält der Compliance-Begriff auch eine organisatorische beziehungsweise formelle Komponente.

2. Die Rechtsgrundlagen der Compliance im Konzern

254 Während die Verpflichtung zum rechtstreuen Verhalten, das Legalitätsprinzip, in § 93 AktG, § 43 GmbHG verankert ist, stellt sich die Frage, ob es im deutschen Recht auch eine konzernweite Verpflichtung zur Errichtung einer Compliance-Organisation gibt.

---

274 Von engl. *to comply*, etwas einhalten, befolgen, entsprechen.
275 So etwa *Schneider*, ZIP 2003, 645 (646).
276 Vgl. *Hauschka*, NJW 2004, 257 (257).

2.1 Deutscher Corporate Governance Kodex

Der Deutsche Corporate Governance Kodex, der von einer von der Bundesregierung eingesetzten Kommission erarbeitet und danach mehrfach geändert wurde, geht von einer konzernweiten Compliance-Pflicht aus. Wörtlich heißt es in Ziffer 4.1.3:

255

> „Der Vorstand hat für die Einhaltung der gesetzlichen Bestimmungen und der unternehmensinternen Richtlinien zu sorgen und wirkt auf deren Beachtung durch die Konzernunternehmen hin (Compliance)."

Während Empfehlungen des Kodex im Text regelmäßig durch die Verwendung des Wortes „soll" gekennzeichnet sind, hat die Regierungskommission durch die Wortwahl der „Vorstand hat (…) zu sorgen" zum Ausdruck gebracht, dass sie davon ausgeht, dass eine Compliance-Pflicht von Gesetzes wegen besteht.[277] Der Kodex selbst begründet eine Compliance-Pflicht jedoch nicht. Als „soft law" fehlen ihm die Rechtsnormqualität und die gesetzgeberische Legitimation.[278] Obgleich sich in der Praxis kein börsennotiertes Unternehmen leisten kann, den Kodex zu ignorieren, ist er nicht rechtlich verpflichtend. Auch aus § 161 AktG, wonach der Vorstand und Aufsichtsrat einer börsennotierten Gesellschaft jährlich zu erklären haben, dass den Empfehlungen des Kodex entsprochen wurde, ergibt sich keine mittelbare Verpflichtung zur Errichtung einer konzernweiten Compliance-Organisation, da die Vorschrift sich ausweislich ihres Wortlauts ausschließlich auf Empfehlungen bezieht und darüber hinaus eine begründete Abweichung von den Empfehlungen ausdrücklich für zulässig erklärt.[279]

2.2 Bereichsspezifische Rechtsgrundlagen

Bereichsspezifisch ist eine Compliance-Organisationspflicht ausdrücklich normiert. So sind Kreditinstitute (§ 25a Abs. 1 KWG), Wertpapierdienstleistungs- (§ 33 Abs. 1 S. 2 Nr. 1 WpHG) und Versicherungsunternehmen (§ 64a Abs. 1 VAG) verpflichtet, eine ordnungsgemäße Compliance-Organisation zur Einhaltung der von diesen Unternehmen zu beachtenden gesetzlichen Bestimmungen einzuführen. Im Bank- und Versicherungsaufsichtsrecht gilt die Verpflichtung zur Errichtung einer Compliance-Organisation auch konzernweit (§ 25a Abs. 1a u. Abs. 1b KWG, § 64a Abs. 2 VAG). Allerdings ist zweifelhaft, ob diese spezialgesetzlichen Regelungen analog zur Begründung einer allgemeinen Compliance-Organisationspflicht „nutzbar" gemacht werden können.[280] Hierzu müssten die Voraussetzungen der Analogiebildung, mithin eine planwidrige Regelungslücke und eine vergleichbare Interessenlage zwischen dem normierten und dem nicht normierten Sachverhalt, vorliegen.[281] Allerdings hat der Gesetzgeber im Versicherungs- und Finanzdienstleistungssektor bereichsspezifische Sonderregelun-

256

---

277 Vgl. Präambel des Deutschen Corporate Governance Kodex in der Fassung vom 26.05.2010.
278 Ebenso *Lutter*, in: Festschrift Goette, 2011, 289 (292); *Bergmoser/Theusinger/Gushurst*, BB-Special 5.2008, 1 (5); *Liese*, BB-Special 5.2008, 17 (20).
279 Vgl. *Hüffer*, Kommentar AktG, 10. Aufl. 2012, § 161 Rdnr. 3.
280 So etwa *Preußner*, NZG 2004, 303 (305).
281 Allgemein zur Analogiebildung vgl. *Bitter/Rauhut*, JuS 2009, 289 (297 f.).

gen geschaffen. Eine Analogie scheidet daher bereits mangels planwidriger Regelungslücke aus.[282]

2.3 Aktienrechtliches Überwachungssystem

257 Eine Verpflichtung zur Errichtung einer Compliance-Organisation wird teilweise aus § 91 Abs. 2 AktG hergeleitet.[283] Danach hat der Vorstand geeignete Maßnahmen zu treffen, insbesondere ein Überwachungssystem einzurichten, damit den Fortbestand der Gesellschaft gefährdende Entwicklungen früh erkannt werden. Zur Begründung wird angeführt, dass existenzbedrohende Schäden sich auch aus der Aufsummierung vieler mittlerer und kleiner Risiken ergeben könnten.[284] Dagegen spricht jedoch der klare Wortlaut der Norm, wonach nur eine Verpflichtung zur Identifizierung von bestandsgefährdenden Risiken (wie die Gefahr der Zahlungsunfähigkeit oder Überschuldung) besteht. Zudem war die Empfehlung § 91 Abs. 2 AktG zu erweitern und die Einrichtung eines umfassenden Risikomanagementsystems für alle Aktiengesellschaften ausdrücklich anzuordnen,[285] dem Gesetzgeber vor dem Erlass des Gesetzes zur Modernisierung des Bilanzrechts (BilMoG) bekannt. Eine Verpflichtung zur Errichtung eines umfassenden internen Compliance- bzw. Risikomanagementsystems wurde allerdings nicht eingeführt.[286] Daher lässt sich § 91 Abs. 2 AktG nicht (oder jedenfalls nicht ausschließlich) zur Begründung einer Pflicht zur Errichtung einer allgemeinen Compliance-Organisation heranziehen.[287]

2.4 Leitungs- und Organisationsverantwortung der Geschäftsleitung

258 Die herrschende Meinung im Gesellschaftsrecht geht zu Recht davon aus, dass sich eine Pflicht zur Einführung eines Compliance-Programms aus der Leitungs- und Organisationsverantwortung des Vorstands (§§ 76 Abs. 1, 93 Abs. 1 S. 1 AktG) beziehungsweise des Geschäftsführers der Gesellschaft mit beschränkter Haftung (§ 43 Abs. 1 GmbHG) gegenüber der Gesellschaft ergeben kann.[288] Danach hat die Geschäftsleitung die Gesellschaft unter eigener Verantwortung und mit der Sorgfalt eines ordentlichen und gewissenhaften Geschäftsleiters zu leiten. Als Bestandteil der Unternehmenskontrolle gehört auch Compliance zur Unternehmensleitung.[289] Delegiert die Geschäftsleitung die Erledigung von Aufgaben, führt dies nicht zur Befreiung von der Pflicht zur Compliance, sondern nur dazu, dass eine Pflicht zur sorgfältigen Auswahl, Einweisung und Überwachung des Beauftragten hinzutritt.[290] Je nach Art und Umfang

---

282 Ebenso *Klahold/Kremer*, ZGR 2010, 113 (119).
283 So etwa *Schwintowski*, NZG 2005, 200 (201); *Berg*, AG 2007, 271 (274 ff.).
284 Vgl. *Schwintowski*, NZG 2005, 200 (201).
285 Vgl. *Hommelhoff/Mattheus*, BB 2007, 2787 (2788).
286 Vgl. BT-Drucks. 16/10067, S. 102.
287 So etwa *Hüffer*, AktG, § 91 Rdnr. 8; *Baums*, ZGR 2011, 218 (270); *Klahold/Kremer*, ZGR 2010, 113 (120); *Koch*, WM 2009, 1013 (1014); *Liese*, BB-Special 5.2008, 17 (19).
288 Vgl. *Fleischer*, in; Spindler/Stilz, AktG, 2. Aufl. 2010, § 91 AktG Rdnr. 47; *Klahold/Kremer*, ZGR2010, 113 (120); *Reichert/Otto*, ZIP 2009, 2173 (2174); *Koch*, WM 2009, 1013 (1014).
289 Vgl. *Hüffer*, AktG, § 76 Rdnr. 9a; *Schneider/Schneider*, ZIP 2007, 2061 (2061).
290 Vgl. *Verse*, ZHR 2011, 401 (404).

der Geschäftstätigkeit, der Größe und Komplexität sowie der Compliance-Historie des Unternehmens kann die Einführung einer Compliance-Organisation (etwa in Gestalt eines Compliance-Management-Systems) erforderlich sein. Rechtsverstöße können dramatische Konsequenzen für das Unternehmen haben und hohe Geldbußen, Ausschluss von öffentlichen Ausschreibungen und erhebliche Reputationsschäden nach sich ziehen. Hat es die Geschäftsleitung trotz des Vorliegens hinreichender Risikoindizien versäumt, eine Compliance-Organisation einzurichten, kann darin ein Sorgfaltspflichtverstoß im Sinne von § 93 Abs. 2 AktG u. § 43 Abs. 2 GmbHG liegen[291] und eine fristlose Kündigung nach sich ziehen.[292] Folglich kann sich die unternehmerische Entscheidung über die Einführung eines Compliance-Programms (das „Ob") zu einer Verpflichtung verdichten. Dagegen verbleibt die Entscheidung über die Ausgestaltung einer angemessenen Compliance-Organisation (das „Wie") im Ermessen der Geschäftsleitung.

Diese Compliance-Organisationspflicht besteht konzernweit. Die Verantwortung der Geschäftsleitung der Muttergesellschaft erstreckt sich in Gestalt der Konzernleitungspflicht auf die Leitung der Konzernunternehmen. Auch die Verpflichtung zum gesetzmäßigen Verhalten gilt für jede Tätigkeit, mithin auch für die Konzernleitung. Obgleich Mutter- und Tochtergesellschaft rechtlich eigenständige Rechtssubjekte sind, stehen sie sich häufig wirtschaftlich sehr nah. Daraus können sich für beide Gesellschaften erhebliche Risiken ergeben. So kann die Europäische Kommission gegen die Muttergesellschaft wegen eines Kartellverstoßes ihrer Tochtergesellschaft auch dann eine Geldbuße verhängen, wenn die Muttergesellschaft an der Zuwiderhandlung nicht beteiligt war, sofern beide Gesellschaften eine wirtschaftliche Einheit bilden.[293] Beide Unternehmen haften dann gesamtschuldnerisch. Die Höhe der Geldbuße ist einzelfallabhängig, kann aber bis zu 10% der Summe der Gesamtumsätze der wirtschaftlichen Einheit im vorausgegangenen Geschäftsjahr betragen.[294] Da die Geschäftsleitung der Muttergesellschaft nach § 93 Abs. 1 S. 1 AktG, § 43 Abs. 1 GmbHG auch dazu verpflichtet ist, Schäden (einschließlich Reputationsverlust) zu Lasten der Muttergesellschaft zu verhindern, ist sie grundsätzlich verpflichtet, eine angemessene konzernweite Compliance-Organisation einzurichten.[295]

259

Hierbei kommt es nicht darauf an, ob ein faktischer oder ein Vertragskonzern vorliegt. Lediglich bei der Gestaltung des konkreten Compliance-Programms stehen der Geschäftsleitung abhängig von der Art der Konzernierung verschiedene Mittel zur Verfügung. Im Vertragskonzern ist der Vorstand des herrschenden Unternehmens nach

260

---

291 Vgl. *Vetter*, in: Wecker/van Laak (Hrsg.), Compliance in der Unternehmenspraxis, 2. Aufl. 2009, 38; allgemein zur Vorstandshaftung wegen mangelhafter Corporate Compliance vgl. *Meier-Greve*, BB 2009, 2555.
292 Vgl. OLG Thüringen NZG 2010, 226.
293 Vgl. EuGH ZIP 2010, 392: Bei einer Kapitalbeteiligung von 100% wird die Existenz einer wirtschaftlichen Einheit zwischen Mutter- und Tochtergesellschaft widerleglich vermutet.
294 Vgl. *Timmerbeil/Mansdörfer*, BB 2011, 323 (324).
295 Ebenso *Verse*, ZHR 2011, 401 (408); *Schneider*, NZG 2009, 1321 (1325); *Fleischer*, CCZ 2008, 1 (5).

§ 308 Abs. 1 AktG berechtigt, der abhängigen Gesellschaft hinsichtlich der Leitung der Gesellschaft Weisungen zu erteilen, um etwa ein konzernweites Berichts- und Überwachungssystem einzurichten. Dagegen bestehen im faktischen Konzern keine gesetzlichen Weisungsrechte. Hier hat die Muttergesellschaft als (Allein-)Gesellschafterin allerdings unmittelbar oder mittelbar die Personalhoheit und kann auf diese Weise die erforderliche Kontrolle sicherstellen.[296] Das gilt entsprechend auch im GmbH-Konzern.[297]

2.5 Aufsichtsmaßnahmen nach dem Recht der Ordnungswidrigkeiten

261 Außerhalb des Gesellschaftsrecht werden die §§ 9, 130 OWiG zur Begründung einer Compliance-Organisationspflicht herangezogen.[298] Nach § 130 Abs. 1 S. 1 OWiG begeht der Inhaber eines Unternehmens eine Ordnungswidrigkeit, wenn er Aufsichtsmaßnahmen unterlässt, die erforderlich sind, um in dem Unternehmen Zuwiderhandlungen gegen betriebsbezogene Pflichten, deren Verletzung mit Strafe oder Geldbuße bewehrt sind, zu verhindern.[299] § 9 OWiG erweitert den Kreis der Verpflichteten auf Vertreter und Beauftragte. Da eine Vielzahl öffentlich-rechtlicher Pflichten mit einer Geldbuße bedroht sind (etwa im Datenschutzrecht, Umweltrecht, Wettbewerbs- und Kartellrecht), lässt sich aus §§ 9, 130 OWiG zumindest mittelbar eine Pflicht zur Einführung eines Compliance-Programms herleiten.[300] Diese Verpflichtung besteht jedoch unabhängig von den Compliance-Pflichten aus §§ 76 Abs. 1, 93 Abs. 1 S. 1 AktG und § 43 Abs. 1 GmbHG. Während die gesellschaftsrechtlichen Normen nur das Innenverhältnis der Gesellschaft regeln und den Schutz der Gesellschaft bezwecken, betreffen §§ 9, 130 OWiG das Außenverhältnis.[301] Die im Innenverhältnis geltenden Grundsätze lassen sich nicht ohne Weiteres auf das Außenverhältnis übertragen.[302]

262 Daher ist fraglich, ob sich aus §§ 9, 130 OWiG eine konzernweite Compliance-Pflicht ergibt. Dagegen spricht zunächst, dass § 130 Abs. 1 S. 1 OWiG nur den „Inhaber eines Betriebs oder Unternehmens" in die Pflicht nimmt. Der Inhaber ist gesellschaftsrechtlich der Rechtsträger des Unternehmens. Daher wird in der Literatur der Standpunkt vertreten, dass die Rechtspersönlichkeit der abhängigen Gesellschaft einer fremden Inhaberschaft entgegenstehen würde.[303] Allerdings wird dabei verkannt, dass die Verbindung mehrerer Unternehmen zu einem Konzern eine planvoll wirkende Wirtschaftseinheit bildet, die über den Zweck der einzelnen Gesellschaften hinaus einen eigenen Zweck verfolgt und faktisch wie ein Unternehmen organisiert ist.[304] Aufgrund

---

296 Vgl. *Lutter*, in: Festschrift Goette, 2011, 289 (294).
297 Vgl. *Fett/Theusinger*, BB-Special 4.2010, 6 (10).
298 So etwa *Koch*, WM 2009, 1013 (1016); *Bock*, ZIS 2009, 68 (70); *Fleischer*, CCZ 2008, 1 (2).
299 Allgemein zu § 130 OWiG vgl. *Theile/Petermann*, JuS 2011, 496.
300 Ebenso *von Busekist/Hein*, CCZ 2012, 41 (43).
301 Vgl. *Koch*, WM 2009, 1013 (1013 u. 1015).
302 Vgl. *Grützner/Leisch*, DB 2012, 787 (790).
303 So etwa *Pelz*, in: Hauschka (Hrsg.), Corporate Compliance, 2. Aufl. 2010, § 6 Rdnr. 17; *Koch*, WM 2009, 1013 (1017 f.); *Spindler*, in: Fleischer (Hrsg.), Handbuch des Vorstandsrechts, 1. Aufl. 2006, § 15 Rdnr. 127.
304 Vgl. *Rogall*, in: Karlsruher Kommentar OWiG, 3. Aufl. 2006, § 130 Rdnr. 25.

ihrer rechtlichen oder faktischen Weisungsbefugnisse kann die Muttergesellschaft in einzelne Entscheidungen hineinwirken. Das hat zur Folge, dass die Geschäftsleitung der herrschenden Gesellschaft grundsätzlich eine Aufsichtspflicht über die Tochtergesellschaften hat.[305] Die Reichweite der Aufsichtspflicht und die Ausgestaltung einer angemessenen Compliance-Organisation (das „Wie") hängen wiederum von den tatsächlichen Verhältnissen im Konzern ab.[306]

3. Lernkontrolle

Frage 1: *Was bedeutet Compliance?*

Frage 2: *Gibt es eine gesetzliche Definition von Compliance?*

Frage 3: *Welche Rechtsgrundlagen für eine Compliance-Organisationspflicht gibt es?*

Frage 4: *Wie weit reicht die Compliance-Organisationspflicht?*

---

305 Ebenso *Bohnert*, Kommentar OWiG, 3. Aufl. 2010, § 130 Rdnr. 7; *Schneider*, NZG 2009, 1321 (1324); *Rogall*, in: Karlsruher Kommentar zum OWiG, 3. Aufl. 2006, § 130 Rdnr. 25; im Ergebnis auch *Grützner/Leisch*, DB 2012, 787 (791).

306 Vgl. *Mansdörfer/Timmerbeil*, WM 2004, 362 (368).

2. Teil
Umwandlungsrecht

Kapitel 16
Allgemeines Umwandlungsrecht

Literatur: *Emmerich/Habersack*, Konzernrecht, 9. Auflage 2010, § 9 Rdnrn. 12 ff.; *Kuhlmann/Ahnis*, Konzern- und Umwandlungsrecht, 3. Auflage 2010, § 7; *Tegen/Reul/Heidinger/Tersteegen*, Unternehmensrecht, 1. Auflage 2009, S. 511 ff.

1. Einführung

263 Das Umwandlungsrecht ermöglicht eine Übertragung von Vermögen im Wege der (partiellen) Gesamtrechtsnachfolge. Ähnlich wie etwa im Erbrecht (§§ 1922, 1967 BGB) führt dies dazu, dass der übernehmende Rechtsträger Vermögen und Verbindlichkeiten des übertragenden Rechtsträgers übernimmt, ohne dass jeder Vermögensgegenstand dem sachenrechtlichen Bestimmtheitsgrundsatz entsprechend exakt bezeichnet werden muss. Darüber hinaus entfällt etwa bei der Übertragung von Schuldverhältnissen die gegebenenfalls benötigte Zustimmung der Gläubiger (§§ 414 ff. BGB).

Außerdem werden steuerlich bei der Übertragung von Vermögen nach dem Umwandlungsrecht keine stillen Reserven aufgedeckt, was die Praxisrelevanz des Umwandlungsrechts erklärt.[307] Das Umwandlungsrecht ist im Umwandlungsgesetz (UmwG) von 1994 geregelt.

2. Geltungsbereich des Umwandlungsgesetzes

264 Nach § 1 Abs. 1 UmwG können nur Rechtsträger mit Sitz im Inland umgewandelt werden. Maßgebend ist insoweit der Satzungssitz der Gesellschaft und nicht etwa der Verwaltungssitz der Gesellschaft, da das Umwandlungsgesetz auch an anderer Stelle auf den Satzungssitz der Gesellschaft bezieht (vgl. etwa §§ 16 Abs. 1, 19 Abs. 1 UmwG).[308]

265 Fraglich ist die Zulässigkeit grenzüberschreitender Umwandlungen. Nach § 1 Abs. 2 UmwG ist eine Umwandlung im Sinne von § 1 Abs. 1 UmwG nur zulässig, wenn ein Bundes- oder Landesgesetz diese als zulässig erachtet. Die §§ 122a ff. UmwG sehen zumindest die Möglichkeit der grenzüberschreitenden Verschmelzung von Kapitalgesellschaften[309] vor. Ferner stellt auch die Gründung einer Societas Europaea eine zulässige grenzüberschreitende Umwandlung dar.

---
307 Siehe hierzu Rdnr. 278.
308 H.M., vgl. etwa *Drinhausen*, in: Semler/Stengel, Kommentar Umwandlungsgesetz, 3. Aufl. 2012, Einleitung C, Rdnr. 20; a. A. aber *Samson/Flindt*, NZG 2006, 290 (292).
309 Siehe hierzu Rdnrn. 308 ff.

Der Europäische Gerichtshof hat in der grundlegenden SEVIC-Entscheidung[310] § 1 UmwG mit Rücksicht auf die in Artt. 49, 54 AEUV geregelte Niederlassungsfreiheit europarechtskonform ausgelegt. Demnach darf der Zuzug einer im EU-Ausland ansässigen Gesellschaft durch Verschmelzung oder Spaltung nicht durch deutsches Recht beschränkt werden, also auch nicht durch das Umwandlungsgesetz. Der Wegzug durch Spaltung oder Verschmelzung kann dagegen vom Mitgliedstaat, in dem die wegziehende Gesellschaft ihren Satzungssitz hat, eingeschränkt werden.[311]

266

3. Arten der Umwandlung

Das Umwandlungsgesetz regelt vier verschiedene Arten von Umwandlungen – die Verschmelzung, die Spaltung, die Vermögensübertragung sowie den Formwechsel.

267

3.1 Verschmelzung, §§ 2-122l UmwG[312]

Bei der Verschmelzung findet die Übertragung des Vermögens von einem oder mehrerer Rechtsträger (übertragender Rechtsträger) im Wege der Gesamtrechtsnachfolge auf einen anderen – den über- beziehungsweise aufnehmenden – Rechtsträger statt. Dies hat zur Folge, dass der übertragende Rechtsträger durch die Verschmelzung ohne Abwicklung untergeht. Handelt es sich um eine Verschmelzung durch Aufnahme, so existiert der übernehmende Rechtsträger bereits, bei einer Verschmelzung durch Neugründung findet die Übertragung auf einen zu diesem Zwecke neu gegründeten Rechtsträger statt. Hierbei erhalten die Anteilsinhaber der übertragenden Rechtsträger üblicherweise Anteile an der aufnehmenden Gesellschaft.

268

3.2 Spaltung einschließlich Ausgliederung, §§ 123-173 UmwG[313]

Im Falle der Spaltung ist zwischen drei Varianten zu unterscheiden.

269

Die Aufspaltung ist die Aufteilung des gesamten Vermögens einschließlich der Verbindlichkeiten des übertragenden Rechtsträgers und anschließende Übertragung auf mindestens zwei andere Rechtsträger im Wege der partiellen Gesamtrechtsnachfolge beziehungsweise Sonderrechtsnachfolge, wodurch der übertragende Rechtsträger rechtlich untergeht. Die aufnehmenden Rechtsträger können bereits bestehen oder neu gegründet werden. In beiden Fällen erhalten die Anteilsinhaber des übertragenden Rechtsträgers dem eingebrachten Vermögen entsprechend Anteile an den aufnehmenden Rechtsträgern.

270

---

310 EuGH ZIP 2005, 2311 (Tz. 20 ff.).
311 Ausführlich zu dieser Thematik *Drinhausen*, in: Semler/Stengel, Umwandlungsgesetz, Einl. C, Rdnrn. 21 ff.
312 Siehe hierzu Kapitel 17.
313 Siehe hierzu Kapitel 18.

271 Bei der Abspaltung hingegen bleibt der übertragende Rechtsträger bestehen, ein Teil seines Vermögens wird aber auf einen oder mehrere bereits bestehende oder neu gegründete Rechtsträger übertragen. Auch hier erhalten die Anteilsinhaber ihrem eingebrachten Vermögen entsprechend Anteile an dem aufnehmenden Rechtsträger.

272 Bei der Ausgliederung überträgt der ausgliedernde Rechtsträger gleichfalls Vermögen auf einen oder mehrere aufnehmende Rechtsträger (bereits existierend oder neu gegründet), jedoch wird Anteilsinhaber der Anteile an dem aufnehmenden Rechtsträger alleine der übertragende Rechtsträger.[314] Die Ausgliederung erfolgt in der Praxis häufig auch in Vorbereitung des Verkaufs eines Geschäftsbereichs oder dessen Börsengang.

3.3 Vermögensübertragung, §§ 174-189 UmwG[315]

273 Die Vermögensübertragung bedeutet ebenso eine Übertragung des ganzen oder teilweisen Vermögens im Wege der Gesamtrechtsnachfolge. In Abgrenzung zur Verschmelzung erfolgt die Gegenleistung für die Übertragung jedoch nicht in Anteilen des einzigen aufnehmenden Rechtsträgers, sondern in Form anderer Vermögensgegenstände – etwa in Geld. Die Vermögensübertragung hat jeweils nur einen übertragenden und einen aufnehmenden Rechtsträger. Die Vermögensübertragung hat in der Praxis nur eingeschränkte Relevanz, da das Gesetz den Anwendungsbereich im Wesentlichen auf (öffentlich-rechtliche) Versicherungsunternehmen beschränkt.

3.4 Formwechsel, §§ 190-312 UmwG[316]

274 Formwechsel bedeutet den Wechsel der Rechtsform – etwa von einer Gesellschaft mit beschränkter Haftung zu einer Aktiengesellschaft. Es liegt wirtschaftliche Kontinuität bei gleichzeitiger Identität der Anteilsinhaber vor, das heißt die Gesellschaft besteht in anderer Rechtsform mit den gleichen Anteilsinhabern fort. Allerdings ändern sich die auf den Rechtsträger anwendbaren Normen. Eine Vermögensübertragung findet beim Formwechsel nicht statt.

4. Beteiligung der Hauptversammlung

275 Da Vorgänge nach dem Umwandlungsgesetz oftmals wesentliche Auswirkungen auf die beteiligten Rechtsträger haben, sieht das Umwandlungsgesetz teilweise ein Zustimmungserfordernis der Gesellschafterversammlungen der betroffenen Rechtsträger vor, im Falle einer Aktiengesellschaft etwa der Hauptversammlung.

---

314 Also gerade nicht die Anteilsinhaber des übertragenden Rechtsträgers.
315 Siehe hierzu Kapitel 19.
316 Siehe hierzu Kapitel 20.

Ungeachtet dessen hat der Bundesgerichtshof[317] ungeschriebene Zuständigkeiten der Hauptversammlung einer Aktiengesellschaft begründet, wenn es sich um eine wesentliche, strukturändernde Maßnahme handelt. Eine solche kann etwa auch ein Ausgliederungsvorhaben auf eine Tochtergesellschaft darstellen. 276

Normativer Anknüpfungspunkt der Rechtsprechung ist dabei § 119 AktG, der die Zuständigkeit der Hauptversammlung regelt. Da Umwandlungsvorgänge die Zuständigkeit der Hauptversammlung auf den Vorstand verlagern können („Mediatisierungseffekt"), besteht die Gefahr einer Verkürzung der mitgliedschaftlichen Teilhabe- und Kontrollrechte der Aktionäre.[318] 277

5. Steuerliche Folgen umwandlungsrechtlicher Maßnahmen[319]

Die ertragsteuerlichen Folgen von Umwandlungen nach dem Umwandlungsgesetz werden im Umwandlungssteuergesetz (UmwStG) geregelt. Darüber hinaus werden Umwandlungen aber auch vom Umsatzsteuer- und Grunderwerbssteuergesetz erfasst. Eines der Hauptanliegen des Gesetzgebers war es, mit dem Umwandlungssteuergesetz die bei der Umstrukturierung von Unternehmen bestehenden steuerlichen Hemmnisse zu beseitigen.[320] So soll bei wirtschaftlich wünschenswerten und nach dem Umwandlungsgesetz zulässigen Umstrukturierungen etwa die Aufdeckung und Besteuerung stiller Reserven[321] verhindert werden.[322] 278

Die Vermeidung der Besteuerung stiller Reserven – und damit eine steuerneutrale Umstrukturierung – ermöglicht das Umwandlungssteuergesetz dadurch, dass der übertragende Rechtsträger die übergehenden Wirtschaftsgüter in seiner steuerlichen Schlussbilanz unter gewissen Voraussetzungen zu den Buchwerten ansetzen und der übernehmende Rechtsträger diese Werte in seiner Steuerbilanz fortführen kann (vgl. §§ 3-19 UmwStG) beziehungsweise dem übernehmende Rechtsträger (vgl. §§ 20 ff. UmwStG) ein Wahlrecht zugesteht, das übergehende Vermögen mit den bisherigen Buchwerten zu erfassen (sog. Buchwertfortführung).

Allerdings wird hierdurch der aus dem Prinzip der individuellen Leistungsfähigkeit folgende Grundsatz durchbrochen, dass stille Reserven beim Übergang auf ein anderes Rechtssubjekt zu besteuern sind.[323] Aus diesem Grund ist ein Ansatz zu übernommenen Buchwerten unter anderem nur dann möglich, wenn die Besteuerung in der

---

317 BGH NJW 1982, 1703 – Holzmüller; BGH NZG 2003, 280 – Macrotron; BGH NJW 2004, 1860; BGH NZG 2004, 575 – Gelatine I u. II; vgl. auch *Blasche*, DB 2011, 517 (521 f.).
318 Instruktiv BGH NZG 2012, 347.
319 Vgl. hierzu *Birk*, Steuerrecht, 14. Aufl. 2011, Rdnrn. 1430 ff.; ausführlich *Montag*, in: Tipke/Lang, Steuerrecht, 20. Aufl. 2009, § 18 Rdnrn. 450 ff.
320 BT-Drucks. 12/7263, S. 1.
321 Zum Begriff der stillen Reserve vgl. *Merkt*, in: Baumbach/Hopt, Kommentar HGB, 35. Aufl. 2012, § 252 Rdnr. 13.
322 BT-Drucks. 12/7263, S. 4.
323 Vgl. hierzu *Hey*, in: Tipke/Lang, Steuerrecht, § 17 Rdnrn. 203 ff.

Bundesrepublik – wenn auch zu einem späteren Zeitpunkt – sichergestellt ist (vgl. § 3 Abs. 2 UmwStG).

6. Lernkontrolle

Frage 1: Wodurch unterscheiden sich Verschmelzung, Spaltung und Vermögensübertragung grundlegend vom umwandlungsrechtlichen Formwechsel?

Frage 2: Welche Varianten der Spaltung gibt es und wodurch unterscheiden sie sich?

Frage 3: Welche steuerliche Besonderheit macht Umwandlungen nach dem Umwandlungsgesetz besonders attraktiv?

Kapitel 17
Verschmelzung

Literatur: *Hueck/Windbichler*, Gesellschaftsrecht, 22. Auflage 2009, § 38 II; *Kuhlmann/Ahnis*, Konzern- und Umwandlungsrecht, 3. Auflage 2010, § 8; *Tegen/Reul/Heidinger/Tersteegen*, Unternehmensrecht, 1. Auflage 2009, S. 527 ff.; *Brocker*, Die grenzüberschreitende Verschmelzung von Kapitalgesellschaften, BB 2010, 971 ff.

1. Struktur des Verschmelzungsrechts

§ 2 UmwG sowie § 3 UmwG bestimmen abschließend die Zwecke einer Verschmelzung – zur Aufnahme und zur Neugründung – sowie die verschmelzungsfähigen Rechtsträger. Die Verschmelzung zur Aufnahme ist in §§ 4-35 UmwG und die zur Neugründung in §§ 36-38 UmwG geregelt, wobei letztere im Wesentlichen auf die Vorschriften zur Verschmelzung durch Aufnahme verweisen (§ 36 UmwG). 279

Den Besonderheiten in Bezug auf die Rechtsform der beteiligten Rechtsträger tragen die §§ 39-122l UmwG Rechnung. Danach wird unter anderem differenziert zwischen Verschmelzungen von Personengesellschaften (§§ 39-45e UmwG), Gesellschaften mit beschränkter Haftung (§§ 46-59 UmwG) und Aktiengesellschaften (§§ 60-77 UmwG).

Bei grenzüberschreitenden Sachverhalten enthalten die §§ 122a ff. UmwG entsprechende Sonderregelungen.[324]

2. Arten der Verschmelzung

Das Umwandlungsgesetz unterscheidet in § 2 UmwG zwischen Verschmelzungen zur Aufnahme und zur Neugründung eines Rechtsträgers. 280

Eine Verschmelzung zur Aufnahme gemäß § 2 Nr. 1 UmwG liegt vor, wenn der übertragende Rechtsträger in dem übernehmenden Rechtsträger aufgeht. Häufig stehen die Rechtsträger in einem Mutter-Tochter-Verhältnis zueinander. Je nachdem, ob in diesen Fällen eine Tochtergesellschaft auf die Muttergesellschaft verschmolzen wird oder andersherum, spricht man daher von einem upstream- beziehungsweise downstream-merger.[325] 281

Wenn hingegen zumindest zwei Rechtsträger ihr Vermögen in einem neuen Rechtsträger bündeln wollen, welcher durch die Übertragung erst entsteht, liegt eine Verschmelzung zur Neugründung gemäß § 2 Nr. 2 UmwG vor. 282

---

[324] Diese gehen zurück auf die Richtlinie 2005/56/EG über die Verschmelzung von Kapitalgesellschaften aus verschiedenen Mitgliedstaaten („Internationale Verschmelzungsrichtlinie").
[325] Wenn eine Tochtergesellschaft auf eine andere verschmolzen wird, spricht man dementsprechend von einem sidestream-merger.

3. Verschmelzungsfähige Rechtsträger

283 § 3 Abs. 1 UmwG regelt, welche Rechtsträger aufnehmend, übertragend oder als neuer Rechtsträger an einer Verschmelzung beteiligt sein können. Es sind dies unter anderem offene Handelsgesellschaften, Kommanditgesellschaften und Partnerschaftsgesellschaften (Nr. 1) sowie Gesellschaften mit beschränkter Haftung, Aktiengesellschaften und Kommanditgesellschaften auf Aktien (Nr. 2).

Gemäß § 3 Abs. 2 UmwG können wirtschaftliche Vereine ausschließlich als übertragender Rechtsträger und natürliche Personen nur dann beteiligt sein, wenn sie als alleiniger Anteilsinhaber das Vermögen einer Aktiengesellschaft übernehmen.

Nicht verschmelzungsfähig ist die Gesellschaft bürgerlichen Rechts (§§ 705 ff. BGB), da diese in § 3 UmwG nicht genannt ist. In § 1 Abs. 3 S. 1 UmwG ist ein Analogieverbot statuiert, welches insoweit eine erweiternde Auslegung des Wortlauts verbietet.[326]

4. Kapitalerhöhung zur Verschmelzung

284 Bei einer Verschmelzung zur Aufnahme erhalten die Anteilshaber des übertragenden Rechtsträgers kraft Gesetzes Anteile am übernehmenden Rechtsträger (§ 20 Abs. 1 Nr. 3 UmwG). Hierzu hat der übernehmende Rechtsträger grundsätzlich[327] eine Kapitalerhöhung zu beschließen und diese neuen Anteile für den Umtausch zu benutzen. Für einen übernehmenden Rechtsträger in der Rechtsform einer Gesellschaft mit beschränkter Haftung finden sich Regeln hierzu in §§ 53-55 UmwG, für die Aktiengesellschaft in §§ 66-69 UmwG. Danach ist vor allem im Falle eines upstream-merger eine Kapitalerhöhung nicht durchzuführen (§§ 54 Abs. 1 Nr. 1, 68 Abs. 1 Nr. 1 UmwG).

Die Eintragung der Kapitalerhöhung ist notwendige Voraussetzung für die Vornahme der konstitutiven Eintragung der Verschmelzung (§§ 53, 66 UmwG).

5. Ablauf und Rechtsfolgen der Verschmelzung

285 Eine Verschmelzung erfolgt im Prinzip immer in vier Schritten:

Nach Abschluss eines
(1) Verschmelzungsvertrags folgen
(2) Verschmelzungsbericht und -prüfung, die
(3) Fassung der Verschmelzungsbeschlüsse sowie die
(4) Eintragung zum Handelsregister.

---

326 *Kuhlmann/Ahnis*, Konzern- und Umwandlungsrecht, Rdnr. 938.
327 Zu den Ausnahmen vgl. *Kuhlmann/Ahnis*, Konzern- und Umwandlungsrecht, Rdnrn. 944-948.

5.1 Verschmelzungsvertrag[328]

Die beteiligten Rechtsträger schließen, vertreten durch ihre Organe (oder deren Vertreter), gemäß § 4 Abs. 1 UmwG einen Verschmelzungsvertrag. Die Vertretungsmacht für die Geschäftsführer einer Gesellschaft mit beschränkter Haftung ergibt sich aus § 35 GmbHG, für den Vorstand einer Aktiengesellschaft aus § 78 AktG. Der Vertrag bedarf zu seiner Formwirksamkeit der notariellen Beurkundung (§ 6 UmwG) und verpflichtet gemäß § 5 Abs. 1 Nr. 2 UmwG die Parteien zur Übertragung ihres Vermögens beziehungsweise zur Gewährung von Anteilen als Gegenleistung hierfür.

286

Der Inhalt des Verschmelzungsvertrags wird vor allem durch § 5 UmwG zwingend vorgegeben. Hiernach müssen grundsätzlich[329] enthalten sein:

287

- Name und Sitz der Parteien (Nr. 1)
  Bei der Benennung und Aufzählung der Parteien ist insbesondere das Bestimmtheitsgebot zu beachten.

288

- Verschmelzungsklausel (Nr. 2)
  Durch die Verschmelzungsklausel wird festgelegt, dass es sich bei der Maßnahme um eine Verschmelzung im Sinne des Umwandlungsrechts handelt und nicht um eine Vermögensübertragung nach allgemeinen zivilrechtlichen Regeln (im Wege der Einzelrechtsnachfolge).

289

- Das Umtauschverhältnis (Nr. 3)
  Aus dem Umtauschverhältnis ergibt sich, wie viele Anteile die Gesellschafter des übertragenden Rechtsträgers als Gegenleistung für die Übertragung ihres Vermögens erhalten. Sofern sich hierbei ein Verhältnis ergibt, welches nicht vollends durch Anteilsgewährung ausgeglichen werden kann (etwa 1 : 2,03), ist ein Barausgleich zu vereinbaren, dessen Höhe gemäß § 15 Abs. 1 UmwG in einem spruchgerichtlichen Verfahren bestimmt werden kann. Idealerweise führt das vereinbarte Umtauschverhältnis zu einem Nullsummenspiel für beide Seiten; dies ist nicht zuletzt verfassungsrechtlich (Art. 14 Abs. 1 GG) geboten.[330] Das Umtauschverhältnis ergibt sich aus einer Unternehmensbewertung der beteiligten Rechtsträger. Für diese Bewertung wird überwiegend die sogenannte Ertragswertmethode verwendet, wonach sich der Wert eines Unternehmens nach den künftig erwarteten entnehmbaren Gewinnen richtet.[331] Gleichwohl können auch andere Methoden angewendet werden, wobei jedoch sämtliche Beteiligten nach der gleichen Methode zu bewerten sind. Der Bewertung hat ein einheitlicher Stichtag zugrunde zu liegen. Hierfür kommen etwa der Abschluss des Verschmelzungsvertrages oder der Verschmelzungsstichtag (§ 5 Abs. 1 Nr. 6 UmwG, dazu sogleich) in Betracht.

290

---

328 Für einen beispielhaften Verschmelzungsvertrag siehe Kapitel 22.
329 Zu Ausnahmen beim upstream-merger siehe Rdnr. 307.
330 Vgl. hierzu etwa BVerfG AG 1999, 566.
331 Hierzu ausführlich *Stratz*, in: Schmitt/Hörtnagl/Stratz, Kommentar UmwG, UmwStG, 5. Aufl. 2009, § 5 Rdnrn. 13 ff. m. w. Nachw.

291 ■ Einzelheiten der Anteilsübertragung (Nr. 4)
Hiernach wird etwa geregelt, wer die Kosten für den beurkundenden Notar zu tragen hat. Darüber hinaus erlangt die Regelung Relevanz, sofern ein Treuhänder für die Übertragung eingesetzt wird (§§ 71, 72 UmwG).

292 ■ Anspruch auf den Bilanzgewinn (Nr. 5)
Im Vertrag ist ein Stichtag festzulegen, ab wann die Gesellschafter des übertragenden Rechtsträgers am Gewinn des aufnehmenden Rechtsträger partizipieren. Wenngleich die Verschmelzung im Außenverhältnis erst mit der Eintragung wirksam wird (§ 20 Abs. 1 UmwG), ist der Stichtag disponibel.[332] Es wird hiermit das Verhältnis der Anteilsinhaber untereinander geregelt.

293 ■ Der Verschmelzungsstichtag (Nr. 6)
Für das Innenverhältnis der beteiligten Rechtsträger hingegen ist der Verschmelzungsstichtag relevant. Ab diesem Zeitpunkt werden Handlungen des übertragenden Rechtsträgers für Rechnung des übernehmenden Rechtsträgers vorgenommen. Der übertragende Rechtsträger besteht jedoch bis zur Eintragung der Verschmelzung fort, da diese im Außenverhältnis erst durch Eintragung wirksam wird. Vor allem umwandlungssteuerrechtlich ist der Verschmelzungsstichtag von entscheidender Bedeutung, da an diesen die Erstellung der Schlussbilanz (§ 17 Abs. 2 UmwG) anknüpft. Durch die Schlussbilanz wird der entscheidende Zeitpunkt für die umwandlungssteuerliche Bewertung bestimmt (§ 2 Abs. 1 UmwStG). Der Verschmelzungsstichtag ist ebenso wie der Stichtag für den Anspruch auf den Bilanzgewinn (Nr. 5) von den Parteien frei bestimmbar.

294 ■ Angaben über Sonderrechte (Nr. 7)
Sonderrechte für Einzelne (etwa Vorzugsaktien oder Genussscheine) sind in den Vertrag aufzunehmen, damit von Gesellschaftern, denen diese Rechte nicht gewährt wurden, die Einhaltung des gesellschaftsrechtlichen Gleichbehandlungsgrundsatzes (etwa § 53a AktG) überprüft werden kann.

295 ■ Besondere Vorteile für Dritte (Nr. 8)
Sofern den Organen (Vorstand, Aufsichtsrat) beteiligter Rechtsträger, einem geschäftsführenden Gesellschafter, einem Partner, einem Abschlussprüfer oder einem Verschmelzungsprüfer besondere Vorteile gewährt werden, sind diese in den Vertrag aufzunehmen. Diese können beispielsweise in Ausgleichszahlungen an die Organe des übertragenden Rechtsträgers für den Verlust ihrer Stellung bestehen.[333]

296 ■ Arbeitsrechtliche Folgen und Auswirkungen (Nr. 9)
Der Verschmelzungsvertrag hat die Folgen für Arbeitnehmer und deren Vertretung sowie die im Zusammenhang mit der Verschmelzung vorgesehenen Maßnahmen zu enthalten. Diese Regelung ist im Zusammenhang zu sehen mit § 5 Abs. 3 UmwG, wonach der Verschmelzungsvertrag den Betriebsräten zuzuleiten ist. Insgesamt soll hierdurch eine sozialverträgliche Verschmelzung ermöglicht werden.[334] Problematisch ist, dass § 5 Nr. 9 AktG insoweit nicht eindeutig ist, als er keine Einschränkung

---

332 Vgl. BR-Drucks. 75/94 S. 82.
333 *Stratz*, in: Schmitt/Hörtnagl/Stratz, UmwG, UmwStG, § 5 Rdnr. 74.
334 BR-Drucks. 75/94 S. 82 u. 83.

hinsichtlich der aufzuführenden Angaben macht, eine vollständige Aufzählung aller Folgen (rechtlicher wie faktischer Natur) jedoch nur schwer zu leisten ist. Insbesondere werden jedoch Angaben über den Wechsel des Arbeitgebers (vgl. auch § 613a BGB), etwaige Umstrukturierungen der Betriebe sowie Auswirkungen auf bestehende Betriebsräte zu machen sein, wenngleich hierfür immer die Umstände des Einzelfalls zu berücksichtigen sind.[335]

Bei einer Verschmelzung zur Aufnahme durch einen Rechtsträger, der nicht der Rechtsform des übertragenden entspricht, ist den Anteilsinhabern des übertragenden Rechtsträgers durch den übernehmenden Rechtsträger ein Angebot über eine angemessene Abfindung zu machen (§ 29 Abs. 1 S. 1 UmwG). Ihnen steht damit ein Wahlrecht zu, ob sie im Rechtsträger auch unter neuer Rechtsform als Anteilsinhaber verbleiben oder aus ihm ausscheiden möchten. 297

Darüber hinaus ist bei einer Verschmelzung zur Neugründung die Satzung der neuen Gesellschaft in den Verschmelzungsvertrag aufzunehmen (§ 37 UmwG). 298

Der Verschmelzungsvertrag ist den zuständigen Betriebsräten gemäß § 5 Abs. 3 UmwG spätestens einen Monat vor der Beschlussfassung durch die Anteilsinhaber zuzuleiten. 299

5.2 Verschmelzungsbericht und -prüfung

Alle beteiligten Rechtsträger haben gemäß § 8 Abs. 1 S. 1 UmwG ausführlich schriftlich Bericht zu erstatten. Dieser Verschmelzungsbericht hat die Verschmelzung, den Verschmelzungsvertrag (beziehungsweise dessen Entwurf) im Einzelnen und insbesondere das Umtauschverhältnis der Anteile sowie die Höhe einer anzubietenden Barabfindung in rechtlicher wie in wirtschaftlicher Hinsicht zu erläutern und zu begründen. Im Rahmen eines Konzerns sind in den Bericht außerdem diejenigen Angelegenheiten der verbundenen Unternehmen aufzunehmen, die für die Verschmelzung von wesentlicher Bedeutung sind. In den Bericht brauchen jedoch solche Tatsachen nicht aufgenommen zu werden, durch deren Bekanntwerden ein nicht unerheblicher Nachteil für einen Beteiligten zu befürchten ist. Diese Auslassung ist jedoch zu begründen. 300

Durch die Verschmelzungsprüfung soll die Angemessenheit des Austauschverhältnisses ermittelt werden (§ 12 Abs. 1 u. 2 UmwG). Die Einzelheiten der Verschmelzungsprüfung sind in den §§ 9 ff. UmwG geregelt. 301

Sowohl die Pflicht zum Erstellen eines Verschmelzungsberichts als auch zur Durchführung einer Verschmelzungsprüfung können durch die Parteien unter den Voraussetzungen des § 8 Abs. 3 UmwG beziehungsweise § 9 Abs. 3 UmwG abbedungen werden. Hierzu müssen entweder sämtliche Anteilsinhaber durch notariell beurkundete Erklärung verzichten oder sich alle Anteile des übertragenden Rechtsträgers in der Hand des übernehmenden Rechtsträgers befinden, wie dies etwa bei der Verschmelzung einer Tochtergesellschaft auf die Muttergesellschaft der Fall ist. 302

---

335 Vgl. hierzu ausführlich *Stratz*, in: Schmitt/Hörtnagl/Stratz, UmwG, UmwStG, § 5 Rdnrn. 77 ff. m. w. Nachw.

5.3 Verschmelzungsbeschlüsse

303 Für die Wirksamkeit von Verschmelzungsvertrag und -plan[336] ist die Zustimmung der Anteilsinhaber der Parteien – also der Gesellschafter des übertragenden und der Gesellschafter es übernehmenden Rechtsträgers – notwendig (§§ 13 Abs. 1, 36 UmwG).[337]

Grundsätzlich ist hierfür gemäß §§ 50, 56, 65 Abs. 1, 73 UmwG eine ¾-Mehrheit erforderlich. Hierzu bestehen jedoch rechtsformabhängige Ausnahmen. Bei 90%-iger Beteiligung einer Aktiengesellschaft am übertragenden Rechtsträger ist ein Beschluss der Hauptversammlung nicht erforderlich (§ 62 Abs. 1 UmwG). Für den Fall einer Beteiligung von 100% ist darüber hinaus gemäß § 62 Abs. 4 UmwG auch ein Zustimmungsbeschluss des übertragenden Rechtsträgers entbehrlich.

5.4 Eintragung ins Handelsregister

304 Der für die Verschmelzung entscheidende Schritt ist die Eintragung der Verschmelzung ins Handelsregister gemäß § 16 Abs. 1 S. 1 UmwG. Diese hat konstitutive Wirkung und findet zeitlich zuerst beim übertragenden, dann beim übernehmenden Rechtsträger statt (§ 19 Abs. 1 UmwG). Die Eintragung in beide Handelsregister muss spätestens acht Monate nach dem Stichtag der Schlussbilanz des übertragenden Rechtsträgers erfolgen (vgl. § 17 Abs. 2 UmwG).

5.5 Rechtsfolgen der Verschmelzung

305 Gemäß § 20 Abs. 1 UmwG

- geht das Vermögen der übertragenden Rechtsträger einschließlich Schuldverhältnissen (z. B. Arbeitsverträge, Kundenverträge, Mietverträge) sowie aller Verbindlichkeiten im Wege der Gesamtrechtsnachfolge auf den übernehmenden Rechtsträger über (Nr. 1),
- erlischt der übertragende Rechtsträger (Nr. 2),
- erhalten die Anteilseigner des übertragenden Rechtsträgers Anteile am übernehmenden (Nr. 3) und
- werden etwaige Mängel bei der Beurkundung (notarielle Form, fehlende Zustimmungsbeschlüsse einzelner Anteilsinhaber etc.) geheilt (Nr. 4).

Die Beschlüsse erwachsen darüber hinaus in Bestandskraft (§ 20 Abs. 2 UmwG).[338]

306 Sofern im Wege der Gesamtrechtsnachfolge auch Arbeitsverträge (§ 611 BGB) übergehen, ist § 613 a BGB zu beachten.

---

[336] Unterscheide hiervon die Wirksamkeit der Verschmelzung als solche; hierzu sogleich.
[337] Zum Verfahren der Beschlussfassung vgl. *Kuhlmann/Ahnis*, Konzern- und Umwandlungsrecht, Rdnr. 957.
[338] Siehe hierzu Kapitel 21.

6. Konzernrechtliche Besonderheiten

Das Umwandlungsgesetz sieht Erleichterungen für aufsteigende Verschmelzungen (upstream-merger) vor.

307

Wenn eine 100%-ige Tochtergesellschaft auf die Muttergesellschaft verschmolzen wird, sind gemäß § 5 Abs. 2 UmwG die Angaben des § 5 Abs. 1 Nrn. 1-5 UmwG (Verschmelzungsklausel, Umtauschverhältnis, Einzelheiten zur Anteilsübertragung und der Anspruch auf den Bilanzgewinn) im Verschmelzungsvertrag – oder dessen Entwurf – entbehrlich. Denn diese Angaben betreffen regelmäßig einen Wechsel in der Gesellschafterstellung und der aufnehmende Rechtsträger kann keine Anteile an sich selbst übernehmen.

Für eine absteigende Verschmelzung enthält das Umwandlungsgesetz hingegen keine Erleichterungen, es bleibt mithin bei den genannten allgemeinen Anforderungen.

7. Grenzüberschreitende Verschmelzungen

Grenzüberschreitende Verschmelzungen sind auf bestimmte (Kapital-) Gesellschaften beschränkt. Sie folgen in ihrem Ablauf im Wesentlichen der nationalen Verschmelzung. Ungeachtet dessen bestehen Besonderheiten insbesondere hinsichtlich des Verschmelzungsvertrags, der bei der grenzüberschreitenden Verschmelzung Verschmelzungsplan heißt. Soweit die §§ 122a ff. UmwG keine Sonderregelungen enthalten, gelten die allgemeinen – nationalen – Regelungen (§ 122a Abs. 2 UmwG).

308

7.1 Beteiligungsfähige Rechtsträger

Gemäß § 122b Abs. 1 UmwG sind nur diejenigen Rechtsträger beteiligungsfähig, die in der den § 122a ff. UmwG zugrundeliegenden EU-Richtlinie genannt sind. Es sind dies die Gesellschaft mit beschränkter Haftung, die Aktiengesellschaft, die Kommanditgesellschaft auf Aktien sowie die Societas Europaea, sofern diese ihren Sitz in Deutschland hat.[339]

309

7.2 Verschmelzungsplan

Bei grenzüberschreitenden Verschmelzungen wird kein Verschmelzungsvertrag geschlossen, sondern ein – begrifflich verschiedener, der Sache nach jedoch vergleichbarer – Verschmelzungsplan aufgestellt (§ 122c Abs. 1 UmwG).

310

Dessen Inhalt bestimmt § 122c Abs. 2 UmwG, der § 5 Abs. 1 UmwG ähnelt. Zusätzlich zu den Angaben nach § 5 Abs. 1 UmwG müssen Angaben enthalten sein über:

---

339 Vgl. *Kuhlmann/Ahnis*, Konzern- und Umwandlungsrecht, Rdnr. 937.

311 ▪ Auswirkungen auf die Beschäftigung (Nr. 4)
Wenngleich diese Vorschrift § 5 Abs. 1 Nr. 9 UmwG ähnelt, dient sie jedoch nicht dem Schutz von Arbeitnehmerinteressen, sondern nur der Information der Anteilsinhaber. Die Arbeitnehmer sowie deren Vertretungen werden dadurch geschützt, dass ihnen gemäß § 122e S. 2 UmwG der Verschmelzungsbericht zuzuleiten ist. So sind etwa Angaben zu machen über die erwartete Mitarbeiterentwicklung sowie damit verbundene Kosten und kollektivarbeitsrechtliche Rahmenbedingungen.[340]

312 ▪ Die Satzung des übernehmenden oder neuen Rechtsträgers (Nr. 9)
Die Angabe der Satzung – mit dem Inhalt, den sie bei Wirksamwerden der Verschmelzung hat – dient dem Informationsinteresse der künftigen Anteilseigner.[341] Bei einer nationalen Verschmelzung ist die Satzung nur dann in den Verschmelzungsvertrag aufzunehmen, wenn eine Verschmelzung zur Neugründung durchgeführt wird (§ 37 UmwG).

313 ▪ Arbeitnehmermitbestimmung (Nr. 10)
Im Verschmelzungsplan ist – sofern Mitbestimmungsorgane bereits bestehen oder im Zuge der Verschmelzung entstehen – festzulegen, wie das Verfahren zur Festlegung ihrer Mitbestimmungsrechte im Einzelnen aussieht.

314 ▪ Angaben über Bewertung von Aktiv- und Passivvermögen (Nr. 11)
Neben der Festlegung eines Umtauschverhältnisses (§ 122c Abs. 2 Nr. 2 UmwG) hat der Verschmelzungsplan Angaben darüber zu machen, wie das vorhandene Vermögen des übertragenden in das Rechnungswesen des aufnehmenden Rechtsträgers übernommen wird.[342] Damit greift er dem gemäß § 24 UmwG bestehenden Wahlrecht des (inländischen) aufnehmenden Rechtsträgers vor. In Betracht kommt eine Fortführung zu den Buchwerten der Schlussbilanz (§ 17 Abs. 2 UmwG) oder ein Ansatz zu den Anschaffungskosten.[343]

315 ▪ Stichtage der Bilanzen (Nr. 12)
Endlich sind die Stichtage derjenigen Bilanzen (und nicht die Bilanzen als solche!) in den Verschmelzungsplan aufzunehmen, welche die Grundlage für die Bedingungen der Verschmelzung darstellen.

316 Gemäß § 122c Abs. 2 UmwG hat – anders als bei § 29 UmwG – der übertragende Rechtsträger ein Barabfindungsangebot an seine Anteilsinhaber in den Verschmelzungsplan aufzunehmen, wenn die übernehmende oder neue Gesellschaft nicht dem deutschen Recht unterliegt (§ 122i Abs. 1 UmwG). Hiermit sollen die Anteilsinhaber davor geschützt werden, dass ihnen eine fremde Rechtsordnung oktroyiert wird.[344]

317 Der Verschmelzungsplan oder dessen Entwurf ist spätestens einen Monat vor der Versammlung der Anteilsinhaber, die über die Verschmelzung beschließen soll, zum Handelsregister einzureichen, welches diesen bekannt macht (§ 122d Abs. 1 UmwG).

---

340 *Simon/Rubner*, Konzern 2006, 835 (838).
341 *Stratz*, in: Schmitt/Hörtnagl/Stratz, UmwG, UmwStG, § 122c Rdnr. 26.
342 H.M.; vgl. hierzu *Simon/Rubner*, Konzern 2006, 835 (838); *J. Tebben/T. Tebben*, DB 2007, 2355 (2357); weitere Nachw. bei *Stratz*, in: Schmitt/Hörtnagl/Stratz, UmwG, UmwStG, § 122c Rdnr. 29.
343 *Stratz*, in: Schmitt/Hörtnagl/Stratz, UmwG, UmwStG, § 122c Rdnr. 30.
344 BT-Drucks. 16/2919, S. 16.

7.3 Zustimmungsbeschlüsse

Die Anforderungen an die Zustimmungsbeschlüsse entsprechen im Wesentlichen denen der nationalen Regelung (§§ 122a Abs. 2, 13 Abs. 1 UmwG). Danach müssen sowohl die Anteilsinhaber des übertragenden als auch des aufnehmenden Rechtsträgers zustimmen. Der Zustimmungsbeschluss der Anteilsinhaber des übertragenden Rechtsträgers ist gemäß § 122g Abs. 2 UmwG dann entbehrlich, wenn der übertragende Rechtsträger eine 100%-ige Tochter des aufnehmenden ist. Dies entspricht in der Sache der nationalen Regelung des § 62 Abs. 4 UmwG.

318

7.4 Schutz der Gläubiger des übertragenden Rechtsträgers

Unterliegt der übernehmende Rechtsträger beziehungsweise die neue Gesellschaft nicht dem deutschen Recht, ist den Gläubigern des übertragenden Rechtsträgers Sicherheit zu leisten, soweit diese nicht Befriedigung verlangen können (§ 122j Abs. 1 UmwG). Voraussetzung für das Recht der Gläubiger auf eine Sicherheitsleistung ist, dass diese binnen zwei Monaten nach dem Tag der Bekanntmachung des Verschmelzungsplans oder dessen Entwurf ihren Anspruch nach Grund und Höhe schriftlich anmelden. Sie müssen glaubhaft machen, dass durch die Verschmelzung die Erfüllung ihrer Forderung gefährdet wird.

319

7.5 Eintragung ins Handelsregister

Im Falle einer Hinausverschmelzung einer deutschen Gesellschaft mit beschränkter Haftung, Aktiengesellschaft, Kommanditgesellschaft auf Aktien oder einer Societas Europaea auf eine Kapitalgesellschaft mit Sitz im EU-Ausland ist die grenzüberschreitende Verschmelzung zunächst beim deutschen Handelsregister anzumelden. Dieses stellt sodann eine Verschmelzungsbescheinigung aus, welche der Anmeldung der Verschmelzung beim ausländischen Registergericht beizufügen ist.

320

Beim umgekehrten Fall einer Hereinverschmelzung ist die grenzüberschreitende Verschmelzung zunächst bei der für den übertragenden Rechtsträger zuständigen, ausländischen Behörde anzumelden. Die ausländische Behörde erstellt daraufhin eine Verschmelzungsbescheinigung aus, die bestätigt, dass die Voraussetzungen für die grenzüberschreitende Verschmelzung vorliegen. Diese Bescheinigung ist der Anmeldung der Verschmelzung beim deutschen Registergericht beizufügen.

321

Die Einzelheiten hierzu sind in §§ 122k, 122l UmwG geregelt.

8. Lernkontrolle

Frage 1: Können in § 3 UmwG nicht genannte Rechtsträger ebenfalls mit den Mitteln des Umwandlungsrechts verschmolzen werden?

Frage 2: Welchem Grundschema folgt eine Verschmelzung?

Frage 3: Was ist die zentrale Rechtsfolge jeder Verschmelzung?

Kapitel 18
Spaltung

Literatur: *Hueck/Windbichler*, Gesellschaftsrecht, 22. Auflage 2009, § 38; *Kuhlmann/Ahnis*, Konzern- und Umwandlungsrecht, 3. Auflage 2010, § 9; *Tegen/Reul/Heidinger/Tersteegen*, Unternehmensrecht, 1. Auflage 2009, S. 559 ff.

1. Einführung

322 Die Spaltung ist in den §§ 123-173 UmwG geregelt und untergliedert sich in die drei von § 123 UmwG genannten Varianten Aufspaltung (Abs. 1), Abspaltung (Abs. 2) sowie Ausgliederung (Abs. 3). Die Abspaltung kann dabei zur Aufnahme des abgespaltenen Teils oder zur Neugründung eines übernehmenden Rechtsträgers geschehen.

Im Gegensatz zur Verschmelzung findet bei der Spaltung keine vollständige, sondern lediglich eine partielle Gesamtrechtsnachfolge statt. Dies bedeutet, dass mit der Durchführung einer Spaltung lediglich ein von den Parteien zu bestimmender Teil des Vermögens samt Verbindlichkeiten des übertragenden auf den übernehmenden Rechtsträger übergeht.

2. Arten der Spaltung im Einzelnen

323 Die Aufspaltung gemäß § 123 Abs. 1 UmwG ist dadurch charakterisiert, dass das gesamte Vermögen auf mehrere bereits bestehende Rechtsträger übergeht. Wie bei der Verschmelzung erlischt damit der übertragene Rechtsträger, jedoch wird das Vermögen statt auf einen auf mehrere Rechtsträger verteilt.

324 Bei der Abspaltung nach § 123 Abs. 2 UmwG hingegen bleibt der übertragene Rechtsträger bestehen und nur ein Teil seines Vermögens (etwa ein Betriebsteil) geht über auf den übernehmenden Rechtsträger.

325 Ebenso führt die Ausgliederung dazu, dass nur ein Teil des Unternehmens abgespalten wird. Im Unterschied zu Auf- und Abspaltung erhält jedoch der übertragende Rechtsträger selbst die Anteile an dem ausgegliederten Unternehmensteil und nicht die Anteilsinhaber des übertragenen Rechtsträgers. Eine Ausgliederung ist daher oftmals der erste Schritt vor der Veräußerung eines Unternehmensteils (sog. carve-out).

326 Auf die Spaltung gemäß § 125 S. 1 UmwG sind grundsätzlich die Vorschriften der Verschmelzung (§§ 2-38, 39-122 UmwG) anwendbar. Für die Einzelheiten kann daher auf diese Ausführungen verwiesen werden.[345]

---

345 Siehe hierzu Kapitel 17.

3. Spaltungsfähige Rechtsträger

Durch den Verweis des § 124 Abs. 1 UmwG auf § 3 Abs. 1 UmwG entsprechen die beteiligungsfähigen Rechtsträger im Wesentlichen denen der Verschmelzung.[346]

327

An einer Auf- oder Abspaltung können als übertragende, übernehmende oder neue Rechtsträger die in § 3 Abs. 1 UmwG Genannten beteiligt sein. Wirtschaftliche Vereine (§ 22 BGB) hingegen können lediglich als übertragende Rechtsträger auftreten.

328

Dies gilt im Grunde ebenso für die Ausgliederung. Außerdem sind jedoch bei der Ausgliederung auch wirtschaftliche Vereine, Einzelkaufleute, Stiftungen sowie Gebietskörperschaften oder Zusammenschlüsse von Gebietskörperschaften als übertragende Rechtsträger beteiligungsfähig.

329

Eine Aktiengesellschaft oder Kommanditgesellschaft auf Aktien kann für die Dauer von zwei Jahren ab der Handelsregistereintragung lediglich im Wege einer Ausgliederung zur Neugründung gespalten werden (§ 141 UmwG).

330

4. Ablauf und Rechtsfolgen der Spaltung

Eine Spaltung folgt ebenfalls den schon von der Verschmelzung bekannten vier Schritten bestehend aus einem Spaltungsvertrag, dem Spaltungsbericht/-prüfung, den Zustimmungsbeschlüssen der Anteilsinhaber der beteiligten Rechtsträger sowie der konstitutiven Eintragung ins Handelsregister.

331

4.1 Spaltungsvertrag

Die beteiligten Parteien schließen einen Vertrag gemäß § 126 UmwG, in welchem sie die Einzelheiten der Spaltung regeln. Da bei einer Abspaltung zur Neugründung der übernehmende Rechtsträger noch nicht existiert, wird in diesem Falle lediglich einseitig ein Spaltungsplan aufgestellt (§ 136 UmwG). Über die Verweisung des § 135 Abs. 1 UmwG gilt § 126 UmwG dennoch entsprechend für die Spaltung zur Neugründung. Wenngleich die Mindestanforderungen im Wesentlichen denen des Verschmelzungsvertrages entsprechen[347], bestehen doch Abweichungen durch die Besonderheiten der Spaltung. Hiernach müssen im Spaltungsvertrag enthalten sein:

332

- Namen und Sitz der Parteien (Nr. 1)
  Bei der Spaltung zur Neugründung ist auch der vollständige Name einschließlich Rechtsform der neu zu gründenden Gesellschaft anzugeben.

333

- Spaltungsklausel (Nr. 2)
  Die Spaltungsklausel dient wie die Verschmelzungsklausel der Klarstellung, dass tatsächlich eine umwandlungsrechtliche Spaltung vorgenommen und das Vermögen somit im Wege der Gesamtrechtsnachfolge übertragen wird.

334

---

346 Siehe Rdnr. 283.
347 Siehe hierzu Rdnrn. 286 ff.

335 ▪ Umtauschverhältnis bei Auf- und Abspaltung (Nr. 3)
Enthalten sein müssen im Falle von Auf- und Abspaltung sowohl das Umtauschverhältnis als auch etwaige Barzulagen. Das korrekte Umtauschverhältnis richtet sich danach der Art der Spaltung. Die Auf- und Abspaltung zur Aufnahme folgt den Grundsätzen der Verschmelzung. Bei der Auf- und Abspaltung zur Neugründung ergeben sich keinerlei Schwierigkeiten, da die Anteilseigner des übertragenden Rechtsträgers sämtliche Anteile des neu entstandenen Rechtsträgers erhalten und somit ein Umtauschverhältnis von vornherein nicht ermittelt werden muss.[348] Wenngleich dies vom Wortlaut ausdrücklich nicht umfasst ist, wird diskutiert, ob auch im Falle der Ausgliederung Angaben über das Umtauschverhältnis zu machen sind, da ansonsten die erforderlichen Angaben über die essentialia negotii fehlen sollen. Dies würde dann zu einer Unwirksamkeit des Vertrages führen.[349]

336 ▪ Aufteilung der Vermögensgegenstände (Nr. 9)
Aufgrund der partiellen Rechtsnachfolge ist die Regelung darüber, welche Vermögensgegenstände übertragen werden, von besonderer Bedeutung. Übertragbar sind im Rahmen einer Spaltung sämtliche Vermögensgegenstände eines Rechtsträgers. Umfasst sind daher neben beweglichen und unbeweglichen Sachen auch Rechte und Forderungen sowie Verbindlichkeiten. Bei der Übertragung körperlicher Gegenstände ist jedoch der allgemeine Bestimmtheitsgrundsatz des Sachenrechts zu beachten. Dessen Einhaltung wird dadurch erleichtert, dass etwa auf Tabellen Bezug genommen werden kann, wodurch Gegenstände vor allem in umfangreichen Sachgesamtheiten leichter bestimmbar werden (§ 126 Abs. 2 S. 1 UmwG). Regelungsbedarf entsteht bei der Aufspaltung dann, wenn ein Vermögensgegenstand nicht klar bestimmbar ist und somit bei der Übertragung „vergessen" wird: Durch das Erlöschen des übertragenden Rechtsträgers bei der Aufspaltung müssen diese Vermögensgegenstände einem anderen zugewiesen werden. In einem solchen Falle gehen sämtliche vergessenen Aktiva nach Maßgabe von § 131 Abs. 3 UmwG auf die übernehmenden Rechtsträger über. Für Verbindlichkeiten des übertragenden Rechtsträgers hingegen haften die Übernehmenden binnen fünf Jahren gesamtschuldnerisch (§ 133 Abs. 3 UmwG). Rechte und Forderungen können grundsätzlich ebenfalls frei aufgeteilt werden, sofern einer Aufteilung nicht Eigenarten des jeweiligen Schuldverhältnisses entgegenstehen.[350]

337 ▪ Anteilsaufteilung bei Auf- und Abspaltung (Nr. 10)
Der Vertrag muss Angaben darüber enthalten, in welchem Verhältnis und in welcher Aufteilung die Anteile des übernehmenden Rechtsträgers auf die Anteilsinhaber des übertragendenden Rechtsträgers zu verteilen sind. Bei der Ausgliederung

---

348 Ausführlich hierzu *Hörtnagl*, in: Schmitt/Hörtnagl/Stratz, Kommentar UmwG, UmwStG, 5. Aufl. 2009, § 126 Rdnrn. 28 u. 35.
349 So etwa *Hörtnagl*, in: Schmitt/Hörtnagl/Stratz UmwG, UmwStG, § 126 Rdnr. 36; *Priester*, in: Lutter, Kommentar UmwG, Bd. 1, 4. Aufl. 2009, § 126 Rdnr. 34.
350 Ausführlich zu bestehenden Ausnahmen *Kuhlmann/Ahnis*, Konzern- und Umwandlungsrecht, Rdnrn. 1012 ff.

erhält der übertragende Rechtsträger ohnehin sämtliche Anteile, so dass eine Bestimmung über die Aufteilung in diesem Falle unterbleiben kann.[351]

- Die Regelungen zu den Einzelheiten der Anteilsübertragung (Nr. 4), zum Anspruch auf den Bilanzgewinn (Nr. 5), dem Spaltungsstichtag (Nr. 6), den gewährten Sondervorteilen (Nrn. 7 u. 8) sowie den arbeitsrechtlichen Folgen entsprechen denen der Verschmelzung (§ 5 Abs. 1 UmwG).

Für sämtliche Formen der Spaltung gelten die Nrn. 1, 2, 5-9 und 11. Nur für Fälle der Auf- und Abspaltung gelten zusätzlich noch die Nrn. 3, 4 und 10. Diese tragen der Tatsache Rechnung, dass – anders als bei der Ausgliederung – die Anteilsinhaber des übertragenden Rechtsträgers und nicht der Rechtsträger selbst als Gegenleistung für die Vermögensgegenstände Anteile am übertragenden Rechtsträger erhalten.

Der Spaltungsvertrag oder sein Entwurf ist spätestens einen Monat vor dem Tag der Versammlung der Anteilsinhaber jedes beteiligten Rechtsträgers, die über die Zustimmung zum Spaltungsvertrag beschließen sollen, dem zuständigen Betriebsrat des Rechtsträgers zuzuleiten (§ 126 Abs. 3 UmwG). Der Spaltungsvertrag ist notariell zu beurkunden (§§ 125, 6 UmwG).

4.2 Spaltungsbericht und -prüfung

Gemäß § 127 S. 1 UmwG ist von den Parteien – jeweils einzeln oder gemeinsam – ein Spaltungsbericht zu erstellen, in welchem die wesentlichen Elemente der Spaltung erläutert werden. Eine Spaltungsprüfung hat gemäß § 125 S. 2 UmwG nur bei Auf- und Abspaltungen zu erfolgen. Durch die umfassende Verweisung des § 125 S. 1 UmwG gelten für die Prüfung darüber hinaus im Wesentlichen die Vorschriften der §§ 9 ff. UmwG.[352]

4.3 Zustimmungsbeschlüsse

Wie bei der Verschmelzung müssen bei der Spaltung gemäß §§ 125 S. 1, 13 Abs. 1 UmwG die Anteilsinhaber der beteiligten Rechtsträger dem Spaltungsvertrag zustimmen.

4.4 Eintragung ins Handelsregister

Schlussendlich ist die Spaltung gemäß §§ 125 S. 1, 16 Abs. 1 S. 1 UmwG zur Eintragung ins Handelsregister anzumelden. Mit der Eintragung wird die Spaltung als solche wirksam (konstitutive Wirkung der Eintragung).

---

351 *Hörtnagl*, in: Schmitt/Hörtnagl/Stratz UmwG, UmwStG, § 126 Rdnr. 101.
352 Siehe hierzu Kapitel 17.

4.5 Rechtsfolgen

344 Gemäß § 131 Abs. 1 UmwG

- geht das Vermögen des übertragenden Rechtsträgers, bei Abspaltung und Ausgliederung der abgespaltene oder ausgegliederte Teil oder die abgespaltenen oder ausgegliederten Teile des Vermögens einschließlich der Verbindlichkeiten entsprechend der vertraglichen Regelung auf die übernehmenden Rechtsträger über (Nr. 1),
- erlischt bei der Aufspaltung der übertragende Rechtsträger, ohne dass es einer besonderen Löschung bedarf (Nr. 2),
- erhalten – bei Auf- oder Abspaltung – die Anteilsinhaber des übertragenden die Anteile an den sonst beteiligten Rechtsträgern entsprechend der im Vertrag vorgesehen Regelung (Nr. 3) und
- werden etwaige Mängel bei der Beurkundung (notarielle Form, Zustimmungsbeschlüsse einzelner Anteilsinhaber etc.) geheilt (Nr. 4).

5. Grenzüberschreitende Spaltungen

345 Eine den §§ 122a ff. UmwG entsprechende Regelung existiert nicht für Spaltungen mit grenzüberschreitendem Bezug. Wegen der Niederlassungsfreiheit (Artt. 49, 54 AEUV) und einem hieraus resultierenden Verbot der Zuzugsbeschränkung sollen jedoch Spaltungen durch europarechtskonforme Auslegung des nationalen Rechts möglich sein.

6. Lernkontrolle

Frage 1: Was ist der wesentliche Unterschied zwischen einer Aufspaltung und einer Verschmelzung?

Frage 2: Was unterscheidet eine Ausgliederung von einer Auf- beziehungsweise Abspaltung hinsichtlich der als Gegenleistung gewährten Anteile?

Frage: 3: Welche Schwierigkeiten resultieren aus der Vorgabe, dass der Spaltungsvertrag die Vermögensgegenstände genau bezeichnen muss, die übertragen werden sollen?

Kapitel 19
Vermögensübertragung

1. Einführung

Der grundlegende Unterschied der Vermögensübertragung zu Verschmelzung und Spaltung besteht darin, dass die zu erbringende Gegenleistung gerade nicht in Anteilen, sondern in sonstigen Vermögensgegenständen besteht. Übertragen werden kann sowohl das gesamte Vermögen (Vollübertragung, § 174 Abs. 1 UmwG) als auch ein Teil hiervon (Teilübertragung, § 174 Abs. 2 UmwG). Praktisch ist die Vermögensübertragung vor allem für die Branche des Versicherungswesens relevant.

346

2. Beteiligte Rechtsträger

Gemäß § 175 Nr. 1 UmwG kann übertragender Rechtsträger zunächst eine Kapitalgesellschaft sein. Ihr – ganzes oder teilweises – Vermögen kann übertragen werden auf den Bund, ein Land, eine Gebietskörperschaft oder einen Zusammenschluss mehrerer Gebietskörperschaften.

347

Das Vermögen eines Versicherungsunternehmens hingegen kann gemäß § 175 Nr. 2 lit. a-c UmwG übertragen werden. Hiernach können Versicherungs-Aktiengesellschaften, Versicherungsvereine auf Gegenseitigkeit und öffentlich-rechtliche Versicherungsunternehmen sich wechselseitig ihr Vermögen übertragen. Dies bedeutet auch, dass die beteiligten Rechtsträger unterschiedliche Rechtsformen besitzen müssen.[353]

348

Die Auswahl dieser Rechtsträger erklärt die im Verhältnis zu den sonstigen Handlungsoptionen des Umwandlungsgesetzes geringe praktische Bedeutung der Vermögensübertragung außerhalb des Versicherungswesens.

349

In beiden Fällen muss der aufnehmende Rechtsträger bei der Vermögensübertragung bereits bestehen; er kann nicht durch Vermögensübertragung neu gegründet werden.[354]

350

3. Gegenleistung

Die Gegenleistung besteht nicht wie sonst im Umwandlungsgesetz in der Gewährung von Anteilen, da dies im Falle der Gebietskörperschaft oder Zusammenschluss von Gebietskörperschaften bei § 175 Nr. 1 UmwG und bei öffentlich-rechtlichen Versicherungsunternehmen (§ 175 Nr. 2 lit. a u. b UmwG) aus strukturellen Gründen nicht möglich ist. Wenngleich dies bei einer Versicherungs-Aktiengesellschaft nicht zwin-

351

---

353 *Hasselbach/Komp*, VersR 2010, 429 (432).
354 Es kann mithin keine Vermögensübertragung zur Neugründung, sondern lediglich eine Vermögensübertragung zur Aufnahme erfolgen.

gend ist, wurde diese aus Gründen der Einheitlichkeit jedoch auch in das System der Vermögensübertragung integriert.[355]

In Betracht kommt als Gegenleistung jedes andere Vermögensgut, was typischerweise eine Geldzahlung sein wird. Im Gesetzgebungsprozess wurde jedoch bewusst der weite Begriff der „Gegenleistung" gewählt, um der Praxis insoweit Gestaltungsspielraum zu eröffnen.[356] Daher können als Gegenleistung auch Anteile anderer Gesellschaften vereinbart werden.[357]

4. Vollübertragung

352 Bei der Vollübertragung gehen im Wege der Gesamtrechtsnachfolge sämtliche Aktiva und Passiva auf den übernehmenden Rechtsträger über. Sie entspricht ihrem Wesen nach der Verschmelzung durch Aufnahme. Ein Ausschluss einzelner Vermögensgegenstände von der Übertragung ist nicht möglich. Der Übergang findet in dem Moment statt, in dem die Maßnahme in das Handelsregister der übertragenden Gesellschaft eingetragen wird (§ 176 Abs. 2 S. 2 UmwG).

5. Teilübertragung

353 Die Teilübertragung gemäß § 175 Abs. 2 UmwG ist in den Varianten der Aufspaltung (Nr. 1), Abspaltung (Nr. 2) sowie der Ausgliederung (Nr. 3) möglich und entspricht damit – abgesehen von der Art der Gegenleistung – der Spaltung nach § 123 UmwG.[358] Das Vermögen geht im Wege partieller Gesamtrechtsnachfolge über. Welche Vermögensgegenstände übertragen werden sollen, ist in einem Spaltungsvertrag festzulegen. Die Gegenleistung ist im Falle der Auf- und Abspaltung an die Anteilsinhaber des übertragenden Rechtsträgers, bei der Ausgliederung hingegen an diesen selbst zu erbringen.

354 Bei der Aufspaltung wird das gesamte Vermögen des übertragenden Rechtsträger auf mindestens zwei übernehmende Rechtsträger übertragen (bei nur einem übernehmenden Rechtsträger läge eine Vollübertragung vor). Hierdurch erlischt der übertragende Rechtsträger, ohne dass eine Liquidation nötig wäre. Über die Verteilung der Vermögensgegenstände können die Parteien frei disponieren.

355 Die Teilübertragung durch Abspaltung ist dadurch gekennzeichnet, dass der übertragende Rechtsträger bestehen bleibt, ein bestimmter Teil seines Vermögens jedoch auf einen oder mehrere übernehmende Rechtsträger übergeht.

---

355 *Stratz*, in: Schmitt/Hörtnagl/Stratz, UmwG, UmwStG, 5. Aufl. 2009, § 174 Rdnr. 6.
356 Vgl. BR-Drucks. 75/94, S. 133.
357 H.M.; *H. Schmidt*, in: Lutter, Bd. 2, Kommentar UmwG, 9. Aufl. 2009, § 174 Rdnr. 7; *Stratz*, in: Schmitt/Hörtnagl/Stratz, UmwG, UmwStG, § 174 Rdnr. 6; a.A. *Fonk*, in: Semler/Stengel, Umwandlungsgesetz, 3. Aufl. 2012, § 174 Rdnr. 20.
358 Siehe hierzu Kapitel 18.

Die Ausgliederung hingegen unterscheidet sich von der Abspaltung lediglich dadurch, **356**
dass die Gegenleistung an den übertragenden Rechtsträger zu erbringen ist. Sie stellt
sich der Sache nach also als Verkauf des Unternehmens (oder eines Teiles davon)
dar.[359]

6. Lernkontrolle

Frage 1: *Wieso weicht die Vermögensübertragung vom Prinzip der Anteilsgewährung als Gegenleistung ab?*

Frage 2: *Welchem Institut des Umwandlungsgesetzes ähnelt die Vollübertragung, welchem die Teilübertragung?*

---

359 *Stratz,* in: Schmitt/Hörtnagl/Stratz, UmwG, UmwStG, § 174 Rdnr. 11.

Kapitel 20
Rechtsformwechsel

Literatur: *Eisenhardt*, Gesellschaftsrecht, 14. Auflage 2009, § 54; *Tegen/Reul/Heidinger/Tersteegen*, Unternehmensrecht, 1. Auflage 2009, S. 574 ff.; *Windbichler*, Gesellschaftsrecht, 22. Auflage 2009, § 38.

1. Einführung

357 Die §§ 190 ff. UmwG regeln den Formwechsel eines Rechtsträgers. Hierbei bleibt der Rechtsträger bestehen und wechselt lediglich sein „Rechtskleid" (sog. Identitätsprinzip), zum Beispiel von einer Gesellschaft mit beschränkter Haftung in eine Aktiengesellschaft.

Bei einem Rechtsformwechsel nach dem Umwandlungsgesetz werden keine stillen Reserven aufgedeckt, die dann versteuert werden müssten, da eine Vermögensübertragung gerade nicht stattfindet.[360]

Systematisch gliedern sich die §§ 190 ff. UmwG in einen Allgemeinen (§§ 190-213 UmwG) sowie einen Besonderen Teil (§§ 214-304 UmwG), welcher rechtsformspezifischen Besonderheiten Rechnung trägt.

Neben einem Formwechsel nach dem Umwandlungsgesetz ist ungeachtet dessen ein Wechsel der Rechtsform auch nach anderen Gesetzen (insbes. §§ 705 ff. BGB, §§ 105 ff. HGB) möglich (§§ 1 Abs. 2, 190 Abs. 2 UmwG).

2. Beteiligungsfähige Rechtsträger

358 § 191 UmwG unterscheidet zwischen Rechtsträgern, die sich an einem Formwechsel beteiligen können (Abs. 1) und möglichen Zielrechtsformen (Abs. 2).

359 Die Rechtsform nach dem Umwandlungsgesetz wechseln können gemäß § 191 Abs. 1 UmwG unter anderem offene Handelsgesellschaften, Kommanditgesellschaften und Partnerschaftsgesellschaften (Nr. 1) sowie Gesellschaften mit beschränkter Haftung, Aktiengesellschaften und Kommanditgesellschaften auf Aktien (Nr. 2).

360 Als Zielrechtsformen sind gemäß § 191 Abs. 2 UmwG die Gesellschaft bürgerlichen Rechts gemäß §§ 705 ff. BGB (Nr. 1), die offene Handelsgesellschaft, die Kommanditgesellschaft und die Partnerschaftsgesellschaft (Nr. 2), die Gesellschaft mit beschränkter Haftung, die Aktiengesellschaft und die Kommanditgesellschaft auf Aktien (Nr. 3) sowie eingetragene Genossenschaften (Nr. 4) vom Umwandlungsgesetz vorgesehen.

---

360 Siehe Rdnr. 278.

3. Ablauf des Formwechsels

Auch der Formwechsel folgt einem im Wesentlichen immer gleichen Ablauf. Es ist ein (1) Formwechselbericht, (2) ein entsprechender Beschluss der Anteilsinhaber sowie (3) die Eintragung ins Handelsregister erforderlich. Da nur ein Rechtsträger beteiligt ist und die Anteilsinhaber unverändert bleiben, bedarf es jedoch keines vorherigen Vertrags wie bei Verschmelzung und Spaltung.

361

3.1 Formwechselbericht

Das Vertretungsorgan des Rechtsträgers hat einen Formwechselbericht gemäß § 192 Abs. 1 UmwG zu erstellen, welcher die Gründe für den Formwechsel und die künftige Struktur der Anteilsinhaber erläutert. Der Bericht ist entbehrlich, sofern am Rechtsträger nur ein Anteilsinhaber beteiligt ist oder auf den Bericht verzichtet wird (§ 192 Abs. 2 UmwG).

362

3.2 Beschluss der Anteilsinhaber

Die Anteilsinhaber haben gemäß § 193 Abs. 1 UmwG einen notariell zu beurkundenden Beschluss über den Formwechsel zu fassen, dessen (Mindest-) Inhalt von § 194 UmwG bestimmt wird. Dieser Beschluss hat Bestimmungen zu enthalten über:

363

- Die neue Rechtsform (Nr. 1)
  Diese Bestimmung stellt lediglich klar, dass ein umwandlungsrechtlicher Formwechsel vorgenommen wird und nicht etwa eine Verschmelzung, bei der ebenfalls ein Wechsel der Rechtsform eintreten kann.
- Den Namen des Rechtsträgers in der neuen Rechtsform (Nr. 2)
- die Beteiligung der bisherigen Anteilseigner an der Zielgesellschaft (Nrn. 3 u. 4), Nr. 3 dient vor allem der Bezeichnung der Personenkreise, die am Umwandlungsvorgang beteiligt sind.[361] Nach Nr. 4 sind Angaben über Zahl, Art und Umfang der Anteile zu machen, welche die Anteilsinhaber durch den Formwechsel erhalten sollen.
- Sonderrechte einzelner Anteilsinhaber (Nr. 5)
- Ein eventuelles Barabfindungsangebot gemäß § 207 UmwG (Nr. 6)
  Nr. 6 ist im Zusammenhang mit §§ 207-212 UmwG zu sehen, welcher Anteilsinhabern bei Widerspruch gegen den Umwandlungsbeschluss das Recht gibt, gegen Abfindung aus der Gesellschaft auszuscheiden. Dies ist im Umwandlungsbeschluss festzuhalten.
- Arbeitsrechtliche Auswirkungen (Nr. 7)
  Wenngleich unklar ist, welche Auswirkungen ein schlichter Formwechsel für die Arbeitnehmer und deren Vertretung hat, sind hierüber im Vertrag Angaben zu machen.[362]

---

361 BR-Drucks 75/94, S. 139 f.
362 Vgl. zu dieser Problematik *Stratz*, in: Schmitt/Hörtnagl/Stratz, § 194 Rdnr. 9.

3.3 Eintragung ins Handelsregister

364 Die Eintragung des Rechtsformwechsels ins Handelsregister ist konstitutiv und bewirkt gemäß § 202 Abs. 1 UmwG, dass
- die Rechtsform identitätswahrend geändert wird (Nr. 1),
- die Anteilsinhaber des formwechselnden Rechtsträgers am Rechtsträger entsprechend der neuen Rechtsform beteiligt (Nr. 2) und
- Formmängel geheilt werden (Nr. 3).

4. Gläubigerschutz beim Formwechsel

365 Da durch den Formwechsel auch die Interessen der Gläubiger – etwa durch eine nunmehr eingeschränkte Außenhaftung der Gesellschafter[363] – betroffen sind, enthält das Umwandlungsgesetz Regelungen zum Gläubigerschutz bei einem Formwechsel. Diese werden vor allem über Regelungen zum Schadensersatz (§ 205 Abs. 1 S. 1 UmwG), Sicherheitsleistungen (§§ 204, 22 UmwG) und zur Nachhaftung (§ 224 UmwG) geschützt.

5. Lernkontrolle

Frage 1: Warum bedarf es bei einem Rechtsformwechsel nach dem Umwandlungsrecht keines Vertrags?

Frage 2: Welche Wirkungen hat die Eintragung des Rechtsformwechsels ins Handelsregister?

---

363 So etwa beim Wechsel von einer oHG (Außenhaftung der Gesellschafter für Gesellschaftsschulden nach § 128 HGB) zur Rechtsform der GmbH (grundsätzlich keine Außenhaftung der Gesellschafter, § 13 Abs. 2 GmbHG).

3. Teil
Rechtsschutz

Kapitel 21
Rechtsschutz

Literatur: *Kuhlmann/Ahnis*, Konzern- und Umwandlungsrecht, 3. Auflage 2010, § 10 Rdnrn. 1032 ff.; *Tegen/Reul/Heidinger/Tersteegen*, Unternehmensrecht, 1. Auflage 2009, S. 583 ff.

1. Einführung

Nahezu jede gesellschaftsrechtliche Maßnahme findet mit mehr als nur einem Beteiligten statt. Daher bestehen nicht selten Meinungsverschiedenheiten hinsichtlich unternehmerischer Entscheidungen sowie der hiermit verbundenen gesellschaftsrechtlichen Strukturmaßnahmen. Dies gilt gerade auch für Maßnahmen nach dem Konzern- und Umwandlungsrecht. Vielfach wird derjenige, der mit einer Maßnahme nicht einverstanden ist, diese verhindern wollen, weil er sein Vermögen oder seine Einflussmöglichkeiten auf das Unternehmen gefährdet sieht. Zur Verhinderung kann er die jeweiligen Gesellschafterbeschlüsse anfechten. Wenngleich die Einwände dieses Anteilseigners durchaus begründet sein können, führen sie dennoch mitunter dazu, dass eine Maßnahme nicht ins Handelsregister eingetragen und damit nicht vollzogen werden kann. Dies eröffnet Minderheitsgesellschaftern die lukrative Verdienstmöglichkeit, sich ihren Verzicht auf eine – begründete oder unbegründete – Klage in Höhe des Lästigkeitswerts für das betroffene Unternehmen abkaufen zu lassen.[364]

366

Daher verfolgt das Rechtsschutzsystem von Aktien- und Umwandlungsrecht das Ziel, einerseits Rechtsschutz für begründete Einwände zu gewähren, andererseits jedoch die Erhebung „rechtsmissbräuchlicher räuberischer Anfechtungsklagen"[365] zu verhindern. Dies wird zunächst dadurch erreicht, dass nicht sämtliche Inhalte eines Vertrags oder einer Maßnahme Gegenstand einer Klage sein können. Vielmehr steht einem Betroffenen bei Barzahlungspflichten die Möglichkeit zu einer Klage nach §§ 241 ff. AktG wegen behaupteter Unangemessenheit ausdrücklich nicht offen (§ 243 Abs. 4 S. 2 AktG, §§ 15, 32 UmwG); sie können die Höhe der Barzahlung in einem spruchgerichtlichen Verfahren überprüfen lassen. Weiter normieren sowohl Aktien- als auch Umwandlungsgesetz bestimmte Einschränkungen hinsichtlich derjenigen Mängel, die im Wege der Klage nach §§ 241 ff. AktG geltend gemacht werden können.

367

Die §§ 241 ff. AktG gelten unmittelbar nur für die Aktiengesellschaft. Jedenfalls für die Gesellschaft mit beschränkter Haftung werden die Vorschriften der §§ 241 ff. AktG aufgrund einer vergleichbaren Interessenlage analog angewendet; hinsichtlich der

368

---

364 So *Kuhlmann/Ahnis*, Konzern- und Umwandlungsrecht, Rdnr. 1032.
365 *Stratz*, in: Schmitt/Hörtnagl/Stratz, Kommentar UmwG, UmwStG, 5. Aufl. 2009, § 16 Rdnr. 23.

Anwendbarkeit auf Personengesellschaften ist bislang keine einheitliche Linie erkennbar.[366]

2. Auswirkungen von Rechtsbehelfen

369 Fraglich ist, welche Auswirkungen Rechtsbehelfe gegen Gesellschafterbeschlüsse auf die Eintragung umwandlungs- oder konzernrechtlicher Maßnahmen haben.

2.1 Umwandlungsrechtliche Maßnahmen

370 Umwandlungsrechtliche Maßnahmen werden erst durch Eintragung ins Handelsregister wirksam (§ 16 Abs. 2 UmwG, auf den §§ 125 S. 1, 198 Abs. 3 UmwG für Spaltung bzw. Formwechsel verweisen). Gemäß § 16 Abs. 2 UmwG ist bei der Eintragung eine sogenannte Negativerklärung abzugeben. Diese beinhaltet die Zusicherung der Vertretungsorgane, dass keine Klage gegen den jeweiligen Beschluss vorliegt oder zu erwarten ist. Sofern die Anteilsinhaber nicht gemäß § 16 Abs. 2 S. 2 UmwG auf eine Klagemöglichkeit verzichtet haben oder ein gerichtlicher Freigabebeschluss gemäß § 16 Abs. 3 UmwG vorliegt, tritt eine Registersperre ein (§ 16 Abs. 2 S. 2 Hs. 1 UmwG) und hindert damit die Eintragung.

371 Weiter bestimmen §§ 20 Abs. 2, 131 Abs. 2 UmwG, dass „Mängel der Verschmelzung/ Spaltung die Wirkungen der Eintragung gemäß Absatz 1 unberührt" lassen. Dies bedeutet, dass eine Verschmelzung beziehungsweise Spaltung mit der Eintragung ins Handelsregister in Bestandskraft erwächst und damit ungeachtet etwaiger Mängel nicht mehr rückabgewickelt wird.[367] Gleichwohl können schuldrechtliche Ansprüche – etwa auf Schadensersatz – bestehen.[368] Solange keine Eintragung erfolgt, wird mithin auch keine Bestandskraft herbeigeführt.

2.2 Konzernrechtliche Maßnahmen

372 Konzernrechtlich relevant sind vor allem die konstitutiven Eintragungen im Zusammenhang mit Unternehmensverträgen (vgl. § 294 AktG). Eine ursprünglich vorgesehene Registersperre wurde zwar im Rahmen des Gesetzgebungsprozesses wieder gestrichen.[369] Somit kann das Registergericht die Eintragung vorzunehmen, selbst wenn keine Negativerklärungen vorliegen. Es hat jedoch selbständig zu ermitteln, ob etwaige Anfechtungsklagen gegen den Beschluss anhängig sind. Wenn dies der Fall ist, hat das Registergericht gemäß § 381 FamFG die Möglichkeit, die Eintragung solange auszusetzen, bis über eine anhängige Anfechtungsklage rechtskräftig entschieden worden ist.[370] Wenngleich das Gericht zu dieser Aussetzung nicht verpflichtet ist, ist dies bei

---

366 Vgl. hierzu *Hüffer*, Kommentar AktG, 10. Aufl. 2012, § 243 Rdnr. 2.
367 H.M.; *Stratz*, in: Schmitt/Hörtnagl/Stratz, UmwG, UmwStG, § 20 Rdnr. 126; *Teichmann*, in: Lutter, Kommentar UmwG, 4. Aufl. 2009, § 131 Rdnr. 81.
368 Hierzu *Kuhlmann/Ahnis*, Konzern- und Umwandlungsrecht, Rdnrn. 1063 u. 1064.
369 *Emmerich/Habersack*, Kommentar Aktien- und GmbH-Konzernrecht, 6. Aufl. 2010, § 294 Rdnr. 21.
370 *Kuhlmann/Ahnis*, Konzern- und Umwandlungsrecht, Rdnrn. 1076.

Anhängigkeit einer Klage gängige Praxis, sodass eine „faktischen Registersperre" eintritt.[371] Dies erscheint nicht zuletzt dadurch plausibel, dass bei einem im Nachhinein erfolgreichen Verfahren der Richter Amtshaftungsansprüchen (§ 839 BGB) ausgesetzt sein kann.[372] Auch hier besteht jedoch die Möglichkeit eines Freigabeverfahrens (§ 246a AktG).

Darüber hinaus ist bei einer Eingliederung (§ 319 Abs. 5 S. 1 AktG) sowie einem Squeeze-Out (§§ 327e Abs. 2, 319 Abs. 5 S. 1 AktG) ähnlich wie bei umwandlungsrechtlichen Maßnahmen eine Negativerklärung gegenüber dem Registergericht abzugeben, welche ebenfalls nur bei einem Klageverzicht oder einem gerichtlichen Freigabebeschluss entbehrlich ist.

373

Wie im Umwandlungsrecht tritt auch im Aktienrecht durch die Eintragung ins Handelsregister die Bestandskraft der Beschlüsse ein (§ 246a Abs. 4 S. 2, § 319 Abs. 6 S. 10 Hs. 1 AktG).

374

3. Spruchverfahren

Sowohl das Aktiengesetz als auch das Umwandlungsgesetz enthalten Regelungen über zu leistende Barzahlungen. Sofern diese als von einem Betroffenen unangemessen angesehen werden, kann die Höhe der Zahlungen in einem Spruchverfahren überprüft werden.

375

Dieses Verfahren ist im Spruchverfahrensgesetz (SpruchG) geregelt und umfasst gemäß § 1 Abs. 1 SpruchG im Wesentlichen fünf Fallgruppen[373]:
- Den Ausgleich für außenstehende Aktionäre in einem Unternehmensvertrag im Sinne von § 291 AktG (§ 304 Abs. 1 u. 2 AktG) sowie ein Abfindungsangebots (§ 305 Abs. 1 u. 2 AktG);
- Das Abfindungsangebots bei einer Mehrheitseingliederung (§ 320b AktG);
- Die Barabfindung beim Ausschluss von Minderheitsaktionären (§ 327b AktG);
- Bare Zuzahlungen nach dem UmwG (§ 15 UmwG) sowie
- Die Barabfindung für ausscheidende Anteilsinhaber (§§ 29, 34 UmwG).

376

Gemäß § 3 Abs. 1 SpruchG können vor allem Aktionäre ihre Einwände vor dem Landgericht vortragen, welche gemäß § 4 Abs. 2 SpruchG – nicht nur „leerformelhaft"[374] – zu begründen sind. Hierfür steht ihnen eine Antragsfrist von drei Monaten ab Vornahme der jeweiligen Maßnahme zu (§ 4 Abs. 1 S. 1 SpruchG). Sofern der Anteilsinhaber obsiegt, kann er den Anspruch anschließend im Wege der Leistungsklage geltend machen (§ 16 SpruchG).

377

---

371 So *Emmerich/Habersack*, Aktien- und GmbH-Konzernrecht, § 294 Rdnr. 21.
372 Vgl. hierzu *Helm/Manthey*, NZG 2010, 415; *Poelzig*, DStR 2008, 1538.
373 Zu weiteren Fallgruppen mit europarechtlichem Bezug vgl. *Hüffer*, AktG, Anh. § 305 Rdnr. 5.
374 So *Kuhlmann/Ahnis*, Konzern- und Umwandlungsrecht, Rdnr. 1034.

4. Klagemöglichkeiten gegen Gesellschafterbeschlüsse

378 Für die Wirksamkeit von umwandlungs- und konzernrechtlichen Maßnahmen sind häufig entsprechende Beschlüsse der Gesellschafterversammlungen der beteiligten Rechtsträger notwendig. Da diese nicht einstimmig zu treffen sind, werden die überstimmten Gesellschafter typischerweise nicht einverstanden mit der jeweiligen Maßnahme sein. Ihnen steht daher gemäß §§ 241 ff. AktG die Anfechtungs- sowie die Nichtigkeitsfeststellungsklage zur Wahrung ihrer Rechte zur Verfügung

4.1 Klagearten

379 Die Nichtigkeitsfeststellungsklage ist gerichtet auf Feststellung, dass ein Nichtigkeitsgrund des § 241 Abs. 1 AktG vorliegt und der Gesellschafterbeschluss aufgrund dieses schwerwiegenden Fehlers unwirksam ist.[375] Solche Fehler sind beispielsweise Verstöße gegen die guten Sitten oder Beurkundungsfehler. Die Nichtigkeit des Beschlusses tritt kraft Gesetzes – und damit unabhängig von einer Klage – ein. Ein Urteil stellt lediglich rechtskräftig fest, dass tatsächlich ein Nichtigkeitsgrund vorliegt.

Mit der Anfechtungsklage hingegen lässt sich ein Beschluss prinzipiell vollumfänglich auf jeglichen Gesetzes- oder Satzungsverstoß prüfen (§ 243 Abs. 1 AktG). Der Wortlaut des § 243 Abs. 1 AktG erfasst jeden – formellen wie materiellen – Fehler. Daher normieren sowohl das Aktiengesetz als auch das Umwandlungsgesetz Grenzen für die Möglichkeit zur Anfechtung der Beschlüsse, um eine Blockade der Mehrheit der Anteilsinhaber durch eine Minderheit zu verhindern.[376]

4.2 Aktienrechtliche Grenzen

380 Den Grundsatz der Anfechtbarkeit von Beschlüssen einer Gesellschafterversammlung bestimmt § 243 Abs. 1 AktG. Allerdings enthält § 243 Abs. 4 AktG zugleich Einschränkungen für (formelle) Mängel, die nicht zu einer Anfechtung berechtigen.

381 Gemäß § 243 Abs. 4 S. 1 AktG kann eine Anfechtung wegen unrichtiger, unvollständiger oder verweigerter Informationserteilung nur erfolgen, wenn dieser Mangel nicht völlig unbedeutend für die Beschlussfassung war und eine Aufhebung des Beschlusses wegen des Mangels gerechtfertigt ist (Relevanzkriterium).[377]

382 Sofern Informationen über die Bestimmung von Barzahlungspflichten[378] unrichtig, unvollständig oder unzureichend sind, ist ohne Ansehen ihrer Relevanz die Anfechtung gemäß § 243 Abs. 4 S. 2 AktG ausgeschlossen. Ausweislich des Wortlauts der Norm sind hiervon jedoch Fälle der Informationsverweigerung und fehlerhafter Informationen außerhalb der Hauptversammlung nicht erfasst. Ob diese Fehler eine Anfechtung

---

375 Vgl. *Kuhlmann/Ahnis*, Konzern- und Umwandlungsrecht, Rdnr. 1036.
376 *Hüffer*, AktG, § 243 Rdnrn. 12.
377 BGH NJW 2008, 69 (Tz. 44); BGH NJW 2005, 828; *Hüffer*, AktG, § 243 Rdnr. 13.
378 Siehe hierzu Fallgruppen unter Rdnr. 376.

ermöglichen, richtet sich nach § 243 Abs. 4 S. 1 AktG und damit wiederum nach der Relevanz des jeweiligen Fehlers.³⁷⁹

Für sonstige Mängel – etwa bei der Einberufung der Hauptversammlung – ist ebenfalls das Relevanzkriterium anzulegen.³⁸⁰   383

Neben den formellen Fehlern – wie der Verletzung einer Informationspflicht, der falschen Einberufung einer Hauptversammlung etc. – können einem Beschluss auch materielle Fehler anhaften. Dies können etwa Verstöße gegen das Willkürverbot oder das Gleichbehandlungsgebot aller Aktionäre sein. Diese Fehler werden jedoch grundsätzlich nicht vom Gericht im Wege einer materiellen Beschlusskontrolle überprüft, da die Vorschriften über die jeweils notwendigen Mehrheitsverhältnisse insoweit einen angemessenen Ausgleich zwischen den Aktionären schaffen und die Minderheitsinteressen ausreichend berücksichtigen.³⁸¹ Gleichwohl kann eine solche Kontrolle ausnahmsweise bei Rechtsmissbräuchlichkeit eines Beschlusses stattfinden.³⁸²

4.3 Umwandlungsrechtliche Grenzen

Das Umwandlungsrecht enthält zunächst eine Ausschlussfrist sowohl für die Anfechtungs- wie auch für die Nichtigkeitsfeststellungsklage. Gemäß § 14 Abs. 1 UmwG muss die Klage binnen eines Monats ab der Beschlussfassung erhoben werden.   384

Auch ist gemäß §§ 14 Abs. 2, 125 S. 1 UmwG eine Klage der Anteilsinhaber des übertragenden Rechtsträgers ausgeschlossen, die sich gegen die Angemessenheit des Umtauschverhältnisses der Anteile bei Auf- und Abspaltung sowie der Verschmelzung richtet.³⁸³ In einem solchen Fall soll der Ausgleich über eine bare Zuzahlung gemäß § 15 UmwG hergestellt werden, um langwierige Prozesse zu vermeiden. Im Falle eines grenzüberschreitenden Sachverhalts gilt der Verweis auf das Spruchverfahren für die Anteilsinhaber des übertragenden Rechtsträgers nur, wenn entweder die Heimatrechtsordnung des übertragenden oder übernehmenden Rechtsträgers ebenfalls ein vergleichbares Spruchverfahren kennt oder sämtliche Beteiligten der Anwendbarkeit des deutschen Spruchverfahrens zustimmen (§ 122h Abs. 1 UmwG). Hintergrund dieser Regelung ist, dass sich einem Spruchverfahren und den damit eventuell verbundenen hohen Nachzahlungen nur aussetzen soll, wer mit dieser Verfahrensart auch vertraut ist.³⁸⁴   385

Schließlich ist eine Klage durch die Anteilsinhaber des übertragenden Rechtsträgers auch gegen die Barabfindung nach § 29 UmwG ausgeschlossen und der Betroffene auf das Spruchverfahren verwiesen (§ 32 UmwG). Hierfür muss er jedoch gemäß   386

---

379 So auch *Kuhlmann/Ahnis*, Konzern- und Umwandlungsrecht, Rdnr. 1042.
380 Zu Fallgruppen siehe *Hüffer*, AktG, § 243 Rdnrn. 14 ff.
381 Siehe hierzu *Kuhlmann/Ahnis*, Konzern- und Umwandlungsrecht, Rdnr. 1061 m. w. Nachw.
382 Vgl. etwa BGH NJW 1999, 3197.
383 Bei der Ausgliederung soll dies hingegen möglich sein, vgl. *Kuhlmann/Ahnis*, Konzern- und Umwandlungsrecht, Rdnr. 1049.
384 *Stratz*, in: Schmitt/Hörtnagl/Stratz, UmwG, UmwStG, § 122h Rdnrn. 3 ff.

§ 29 Abs. 1 UmwG grundsätzlich Widerspruch gegen den Beschluss erhoben haben.[385] Bei einer Grenzüberschreitung gelten die §§ 32, 34 UmwG für die Anteilsinhaber des übertragenden Rechtsträgers ebenfalls nur dann, wenn die Heimatrechtsordnung des übernehmenden oder neuen Rechtsträgers ebenfalls ein Spruchverfahren vorsieht oder sämtliche Beteiligten der Anwendbarkeit von §§ 32, 34 UmwG zustimmen (§ 122i Abs. 2 S. 1 UmwG).

5. Überwindung einer Registersperre

387 Sowohl das Umwandlungs- als auch das Aktienrecht sehen Verfahren vor, um eine – rechtliche oder faktische – Registersperre zu überwinden.

5.1 Umwandlungsrechtliches Verfahren

388 Das Umwandlungsrecht sieht ein Freigabeverfahren in §§ 16 Abs. 2 u. 3, 125 S. 1 UmwG vor. Eine Eintragung ist demnach unabhängig von einer Negativerklärung vorzunehmen, wenn die Gesellschafter auf eine Klagemöglichkeit verzichten (§ 16 Abs. 2 S. 2 UmwG) oder ein gerichtlicher Freigabebeschluss (§ 16 Abs. 3 UmwG) vorliegt.

389 Einen solchen Beschluss erlässt das Gericht, vor dem auch gegen die Wirksamkeit des Beschlusses geklagt wird, gemäß § 16 Abs. 3 S. 3 UmwG bei
- Unzulässigkeit oder offensichtlicher Unbegründetheit der Klage (Nr. 1),
- einem Anteilsbesitz des Klägers am Kapital von weniger als 1000 € (Nr. 2) oder
- wenn das Vollzugsinteresse des Rechtsträgers das Minderheitsrecht des Anteilsinhabers überwiegt, außer es liegt ein besonders schwerer Rechtsverstoß vor (Nr. 3).

390 Sofern die Klage des Gesellschafters dennoch Erfolg hat, muss der Rechtsträger – dessen rechtswidrige Maßnahme eingetragen worden ist und dadurch die Struktur-Maßnahme wirksam und bestandskräftig geworden ist – diesem gemäß § 16 Abs. 3 S. 10 Hs. 1 UmwG daraus entstandene Schäden ersetzen. Gleichwohl kann keine Rückabwicklung verlangt werden, da ansonsten die soeben erreichte Bestandskraft wieder aufgehoben werden würde (§ 16 Abs. 3 S. 10 Hs. 2 UmwG).

5.2 Aktienrechtliche Verfahren

391 Zunächst sieht das Aktienrecht Verfahren für Eingliederungen und den Squeeze-Out vor, die denen der §§ 16 Abs. 2 u. 3, 125 S. 1 UmwG ähneln.

392 Darüber hinaus besteht zur Überwindung der faktischen Registersperre durch § 381 FamFG die Möglichkeit, ein Freigabeverfahrens gemäß § 246a AktG durchzuführen. Dieses führt dazu, dass – wenn die Eintragung ausgesetzt ist – das Registergericht zur Eintragung verpflichtet wird und damit die faktische Registersperre durchbrochen wird

---

385 Dies ist bei der Zuzahlung gemäß § 15 UmwG hingegen nicht erforderlich.

(§ 246a Abs. 3 S. 5 AktG). Sofern das Registergericht ungeachtet der anhängigen Klage die Eintragung vorgenommen hat, kann dieses zwar nicht mehr zur Eintragung verpflichtet werden. Gleichwohl erlangt die Eintragung ins Handelsregister Bestandskraft für und wider jedermann nur durch den Freigabebeschluss (§ 246a Abs. 4 S. 2 AktG). Hierdurch wirkt sich das Ergebnis der anhängigen Klage nicht mehr auf die Wirksamkeit der Eintragung aus.

Wenn die Klage gleichwohl begründet war und dennoch die Eintragung bereits vorgenommen wurde, kann der Kläger den hierdurch erlittenen Schaden ersetzt verlangen, nicht jedoch die Beseitigung der Eintragung (§ 246a Abs. 4 S. 2 AktG). 393

6. Lernkontrolle

Frage 1: Welchen Konflikt versuchen die Regeln über den Rechtsschutz nach Aktien- und Umwandlungsrecht zu lösen?
Frage 2: Was ist eine Registersperre?
Frage 3: Wie unterscheiden sich die Registersperren bei der Eintragung eines Unternehmensvertrags und eines aktienrechtlichen Squeeze-Out voneinander?
Frage 4: Wie wirkt sich eine Nichtigkeitsfeststellungsklage auf die Wirksamkeit eines Hauptversammlungsbeschlusses aus?

4. Teil
Vertragsgestaltung

Kapitel 22
Grundlagen der Vertragsgestaltung und Vertragsmuster

Literatur: *Ramm*, Die Vertragsgestaltung im Examen, Jura 2011, 408 ff.; *Teichmann*, Vertragsgestaltung durch den Rechtsanwalt, JuS 2001, 870 ff., 973 ff., 1078 ff., 1181 ff. und JuS 2002, 40 ff.; *Döser*, Einführung in die Gestaltung internationaler Wirtschaftsverträge, JuS 2000, 246 ff., 456 ff., 663 ff., 773 ff., 869 ff., 972 ff., 1076 ff., 1178 ff. und JuS 2001, 40 ff.

1. Einführung in die Vertragsgestaltung

394 Die Vertragsgestaltung stellt hohe Anforderungen an das Können eines Juristen und spielt in der Universitäts- und Referendarausbildung eine zunehmend wichtige Rolle. Sie stellt den Bearbeiter vor die Aufgabe, einen noch nicht abgeschlossenen Sachverhalt zu analysieren, die Sach- und Rechtsziele des Mandanten zu ermitteln und diese unter Vermeidung potentieller gegenwärtiger und künftiger Konfliktherde umzusetzen. Gerade im Gesellschaftsrecht existiert eine Vielzahl an Gestaltungsmöglichkeiten, da die Parteien ihre Verhältnisse zueinander überwiegend durch Verträge regeln. Die gesellschaftsrechtlichen Klauseln im Bereich der Vertragsgestaltung erfordern Verständnis für den unternehmerischen Hintergrund und erweisen sich daher häufig als besonders anspruchsvoll.[386]

Eine besondere Herausforderung bei der Gestaltung von Verträgen liegt im Perspektivenwechsel. Während der Bearbeiter üblicherweise die ex-post-Perspektive einnimmt und in Kenntnis des vollständigen, in sich abgeschlossenen Sachverhalts, über Rechtsfragen entscheidet, ist er bei der Gestaltung von Verträge gezwungen, zukunftsgerichtet zu denken und mögliche Sachverhaltsentwicklungen zu antizipieren.[387] Dabei ist folgende Vorgehendweise zweckmäßig und daher zu empfehlen.

1.1 Ermittlung der Sachziele des Mandanten

395 Regelmäßig tritt der Mandant mit einem (mehr oder weniger) bestimmten Anliegen an den Bearbeiter heran. So möchte er beispielsweise erreichen, dass die gesamten Gewinne der Tochtergesellschaft an die Muttergesellschaft abgeführt werden. Für den Bearbeiter gilt es dann im ersten Schritt die genauen Sachziele des Mandanten zu ermitteln und die Besonderheiten des Falls zu erfassen. Soll die Muttergesellschaft befugt sein der Geschäftsleitung der Tochtergesellschaft Weisungen zu erteilen? Zu welchem Zeitpunkt soll die Gewinnabführung erfolgen?

---

386 Vgl. *Ramm*, Jura 2011, 408 (412).
387 Vgl. *Scharpf*, JuS 2002, 878 (879).

1.2 Ermittlung der Rechtsziele des Mandanten

Im zweiten Schritt sind die Sachziele des Mandanten in Rechtsziele zu übersetzen. Der Bearbeiter muss ermitteln, ob und inwieweit das angestrebte Sachziel tatsächlich umgesetzt werden kann. So kann die Gewinnabführung rückwirkend zu einem Zeitpunkt, der vor der Eintragung des Gewinnabführungsvertrags in das Handelsregister liegt, vereinbart werden. Dagegen gilt das Weisungsrecht erst mit der Eintragung in das Handelsregister.

396

1.3 Prüfung der Gestaltungsmöglichkeiten

Nach Abschluss der Ermittlungsphase stellt sich die Frage nach der konkreten Gestaltung des Vertrags. Diese Phase ist von rechtsgutachterlichen Überlegungen gekennzeichnet: Auf welchen Wegen lassen sich die Rechtsziele des Mandanten erreichen? Müssen besondere Formvorschriften oder Mehrheitserfordernisse beachtet werden? Werden die gesetzlichen Beschränkungen – etwa §§ 134, 138 BGB – eingehalten?

397

1.4 Erstellung des Vertragsentwurfs

Nach der Prüfung der Gestaltungsmöglichkeiten folgt die Erstellung des Vertragsentwurfs. Gute Verträge zeichnen sich durch rechtliche Logik und eine durchdachte Struktur aus. Ausgangspunkt sollte daher stets eine grobe Gliederung des Vertragstextes sein. Unabhängig von dem materiellen Vertragsinhalt sind folgende Formalia bei jedem Vertragsentwurf zu beachten:

398

Damit eindeutig feststeht, wer aus dem Vertrag berechtigt und verpflichtet werden soll, müssen zu Beginn die Parteien vollständig und zweifelsfrei bezeichnet werden. Die Rechtsform der Gesellschaft und die Personen, die die Gesellschaft beim Vertragsschluss vertreten, müssen angegeben werden. Häufig wiederkehrende Begriffe (zum Beispiel die Bezeichnung der Parteien) sollten aus Gründen der Übersichtlichkeit in Klammern definiert werden. Zur Einführung in den Vertrag und um das Verständnis des Parteiwillens zu erleichtern, sollte dem Vertragstext eine Präambel beziehungsweise Vorbemerkung vorangestellt werden. In Zweifelsfällen und bei Regelungslücken kann die Präambel eine wichtige Auslegungshilfe darstellen. Um die Verständlichkeit des Vertrags zu verbessern, sollten die einzelnen Paragraphen mit Überschriften versehen werden, die den wesentlichen Inhalt der Klausel knapp wiedergeben. Beim Entwurf der Vertragsklauseln sollte der Bearbeiter lange Schachtelsätze und umständliche Formulierungen vermeiden. Die Sprache sollte möglichst prägnant sein, um spätere Auslegungsschwierigkeiten zu vermeiden und damit der Vertrag von den Parteien „gelebt" werden kann. Auslegungs- und verfahrensregelnde Bestimmungen (zum Beispiel eine qualifizierte Schriftformklausel, salvatorische Klausel, Rechtswahl- und Gerichtsstandsvereinbarung) runden den Vertragsentwurf ab.

2. Musterverträge

399 Nachfolgend sollen die zwei wichtigsten Verträge des Konzern- und Umwandlungsrechts kurz vorgestellt und unter Beachtung der zuvor genannten Grundsätze der Vertragsgestaltung musterhaft wiedergegeben werden.

2.1 Beherrschung- und Gewinnabführungsvertrag

400 Zentrales Instrument zur Bildung eines Vertragskonzerns ist der Abschluss eines Beherrschungsvertrags. In der Praxis besonders verbreitet ist eine Kombination aus einem Beherrschungs- und einem Gewinnabführungsvertrag (Organschaftsvertrag). Der Abschluss eines Beherrschungs- und Gewinnabführungsvertrages dient der Herstellung der steuerlichen Organschaft nach §§ 14, 17 KStG. Der Beherrschungsvertrag gewährt der Versammlung der Anteilsinhaber des Mehrheitsgesellschafters (Organträger) Weisungsrecht gegenüber der Geschäftsleitung und ermöglicht ihm hinsichtlich aller Fragen der Geschäftsführung und der Vertretung der Gesellschaft Weisungen zu erteilen. Durch den Gewinnabführungsvertrag wird die Verpflichtung der abhängigen Gesellschaft begründet, ihren ganzen Gewinn an den Organträger abzuführen. Werden nur Teile des Gewinns abgeführt, liegt ein Teilgewinnabführungsvertrag vor.[388]

Beherrschungs- und Gewinnabführungsvertrag

zwischen

der Mutter-AG, Johann-Mutter-Straße 9, 86899 Landsberg am Lech, eingetragen im Handelsregister des Amtsgerichts Landsberg am Lech unter HRB 86899, vertreten durch ihre Geschäftsführer Frau Julia Mutter und Herrn Anton Vater

(im Folgenden „Organträgerin" genannt)

und

der Tochter-GmbH, Klarastraße 7, 80636 München, eingetragen im Handelsregister des Amtsgerichts München unter HRB 80636, vertreten durch ihren Geschäftsführer Herrn Peter Tochter

(im Folgenden „Organgesellschaft" genannt)

– Organträgerin und Organgesellschaft werden nachfolgend zusammen als die „Parteien" und einzeln auch als „Partei" bezeichnet –

Präambel

Die Organträgerin hält 100% der Geschäftsanteile der Organgesellschaft. Die Parteien beabsichtigen, ein steuerliches Organschaftsverhältnis nach §§ 14, 17 KStG herzustellen. In Anbetracht der vorstehenden Ausführungen vereinbaren die Parteien was folgt:

---

[388] Zur Abgrenzung auch Rdnr. 122.

§ 1 Beherrschung

(1) Die Organgesellschaft unterstellt sich der Leitung der Organträgerin. Die Organträgerin ist berechtigt, der Geschäftsführung der Organgesellschaft hinsichtlich der Leitung der Organgesellschaft Weisungen zu erteilen.

(2) Unbeschadet des Weisungsrechts obliegt die Geschäftsführung und Vertretung der Organgesellschaft weiterhin ihren Geschäftsführern.

§ 2 Gewinnabführung

(1) Die Organgesellschaft verpflichtet sich, ihren gesamten Jahresüberschuss, der sich ohne die Gewinnabführung ergeben würde, vermindert um einen Verlustvortrag aus dem Vorjahr sowie um den nach § 268 Abs. 8 HGB ausschüttungsgesperrten Betrag, an die Organträgerin abzuführen.

(2) Während der Dauer dieses Vertrages gebildete andere Gewinnrücklagen sind auf Verlangen der Organträgerin aufzulösen und zum Ausgleich eines Jahresfehlbetrages zu verwenden oder als Gewinn abzuführen.

(3) Die Organgesellschaft kann mit Zustimmung der Organträgerin die Beträge ihres Jahresüberschusses – mit Ausnahme gesetzlicher Rücklagen – nur insoweit in die gesetzlichen Gewinnrücklagen (§ 272 Abs. 3 HGB) einstellen, als dies bei vernünftiger, kaufmännischer Beurteilung begründet ist.

(4) Die Abführung von Beträgen aus der Auflösung von Gewinn- und Kapitalrücklagen nach § 272 Abs. 2 Nr. 4 HGB sowie von Gewinnrücklagen, die vor In-Kraft-Treten dieses Vertrags entstanden sind, ist ausgeschlossen.

(5) Der Anspruch auf Gewinnabführung entsteht zum Stichtag des Jahresabschlusses der Organgesellschaft und wird zu diesem Zeitpunkt fällig. Er ist ab diesem Zeitpunkt mit 5% p.a. zu verzinsen.

§ 3 Verlustübernahme

(1) Die Organträgerin ist gegenüber der Organgesellschaft entsprechend § 302 AktG in seiner jeweils gültigen Fassung während der Vertragsdauer zur Verlustübernahme verpflichtet.

(2) Die Organträgerin ist im Falle der Kündigung aus wichtigem Grund gemäß § 4 Abs. 2 dieses Vertrags lediglich zum Ausgleich der anteiligen Verluste der Organgesellschaft bis zum Übertragungs- bzw. Umwandlungsstichtag verpflichtet.

(3) § 2 Abs. 5 dieses Vertrags gilt entsprechend.

§ 4 Vertragsdauer

(1) Dieser Vertrag wird mit seiner Eintragung in das Handelsregister der Organgesellschaft wirksam und gilt – mit Ausnahme des Weisungsrechts nach § 1 – rückwirkend ab dem Beginn des Geschäftsjahres der Organgesellschaft, in dem dieser Vertrag in das Handelsregister der Organgesellschaft eingetragen wird. Das Weisungsrecht nach § 1 gilt erst mit Eintragung des Vertrages im Handelsregister der Organgesellschaft.

(2) Der Vertrag wird auf unbestimmte Zeit geschlossen. Er kann von den Parteien mit einer Frist von drei Monaten zum Ende eines Geschäftsjahres der Organgesellschaft gekündigt werden. Das Recht zur fristlosen Kündigung aus wichtigem Grund bleibt unberührt. Ein wichtiger Grund liegt insbesondere vor, wenn
  (i) die Organträgerin nicht mehr die Stimmrechtsmehrheit an der Organgesellschaft hat;
  (ii) die Organträgerin die Anteile der Organgesellschaft veräußert oder einbringt;
  (iii) die Organträgerin oder die Organgesellschaft verschmolzen, gespalten oder liquidiert wird.

(3) Die Kündigung hat in Schriftform zu erfolgen. Für die Einhaltung der Frist kommt es auf den Zeitpunkt des Zugangs der Kündigungserklärung bei der anderen Partei an.

§ 5 Schlussbestimmungen

(1) Änderungen und Ergänzungen dieses Vertrages bedürfen der Schriftform. Dies gilt auch für diese Schriftformklausel.

(2) Sollte eine Bestimmung dieses Vertrages vollständig oder teilweise nichtig, unwirksam oder undurchführbar sein oder werden, berührt dies die Gültigkeit der übrigen Vertragsbestimmungen nicht. Anstelle der nichtigen, unwirksamen oder undurchführbaren Bestimmung soll eine Bestimmung in Kraft treten, die dem am nächsten kommt, was die Parteien nach dem Sinn und Zweck dieses Vertrages gewollt hätten, hätten sie dies im Lichte der Nichtigkeit, Unwirksamkeit oder Undurchführbarkeit bedacht. Bei der Auslegung einzelner Bestimmungen dieses Vertrags sind die §§ 14, 17 KStG in ihrer jeweils gültigen Fassung bzw. die entsprechenden Nachfolgeregelungen zu beachten.

(3) Ausschließlicher Gerichtsstand für alle Auseinandersetzungen im Zusammenhang mit diesem Vertrag ist der Sitz der Organträgerin.

Ort, Datum:_____   Ort, Datum:_____

_____   _____

Mutter-AG   **Tochter-GmbH**
vertreten durch den Vorstand   vertreten durch den Geschäftsführer

2.2 Verschmelzungsvertrag

401 Den Grundfall der Verschmelzung durch Aufnahme bildet die Verschmelzung einer 100%-igen Tochter (übertragender Rechtsträger) auf die Mutter (übernehmender Rechtsträger) innerhalb des Konzerns (sog. upstream-merger). Dabei ist nicht erforderlich, dass die beteiligten Rechtsträger die gleiche Rechtsform haben. Eine Mischverschmelzung ist gemäß § 29 Abs. 1 S. 1 UmwG zulässig. Nach § 6 UmwG muss der Verschmelzungsvertrag notariell beurkundet werden und hat gemäß § 5 UmwG bestimmte Mindestangaben zu enthalten. Für den in der Praxis sehr beliebten upstream-merger existieren diverse Erleichterungen, die den Verschmelzungsprozess und die Gestaltung des Verschmelzungsvertrags erheblich vereinfachen. So bedarf es weder eines Verschmelzungsberichts (§ 8 Abs. 3 S. 1 Alt. 2 UmwG) noch einer Verschmelzungsprüfung und eines Verschmelzungsprüfungsberichts (§§ 9 Abs. 3, 12 Abs. 3 i.V.m. § 8 Abs. 3 S. 1 Alt. 2 UmwG). Ferner findet eine Anteilsgewährung nicht statt (§ 20 Abs. 1 Nr. 3 S. 1 Hs. 2 UmwG), weshalb auch die Angaben zum Umtausch der Anteile im Verschmelzungsvertrag nicht erforderlich sind (§ 5 Abs. 2 UmwG). Mangels außen stehender Gesellschafter entfällt ein Erwerbsangebot (§ 29 UmwG). Ein Verschmelzungsbeschluss des übertragenden Rechtsträgers in Form einer Kapitalgesellschaft ist gemäß § 62 Abs. 4 S. 1 UmwG entbehrlich. Das gilt auch für den Verschmelzungsbeschluss der übernehmenden Aktiengesellschaft, sofern er nicht von Aktionären, deren Anteile zusammen 5% des Grundkapitals erreichen, verlangt wird (§ 62 Abs. 2 UmwG).[389]

---

389 Ausführlich zur Verschmelzung Rdnrn. 279 ff.

Verschmelzungsvertrag

zwischen

der Mutter-AG, Johann-Mutter-Straße 10, 86899 Landsberg am Lech, eingetragen im Handelsregister des Amtsgerichts Landsberg am Lech unter HRB 86900, vertreten durch die Vorstandsmitglieder Frau Julia Mutter und Herrn Anton Vater

(im Folgenden „Mutter-AG" genannt)

und

der Tochter-GmbH, Klarastraße 7, 80636 München, eingetragen im Handelsregister des Amtsgerichts München unter HRB 80636, vertreten durch ihren Geschäftsführer Herrn Peter Tochter

(im Folgenden „Tochter-GmbH" genannt)

– Mutter-AG und Tochter-GmbH werden nachfolgend zusammen als die „Parteien" und einzeln auch als „Partei" bezeichnet –

Präambel

Das Stammkapital der Tochter-GmbH beträgt EUR 25.000. Es ist eingeteilt in 10 Geschäftsanteile mit einem Nennbetrag von EUR 2.500 je Geschäftsanteil. Sämtliche Geschäftsanteile werden von der Mutter-AG gehalten. Die Einlagen auf die Geschäftsanteile sind in voller Höhe einbezahlt und nicht zurückgezahlt. Sonderrechte im Sinne von §§ 23 und 50 Abs. 2 UmwG bestehen bei der Tochter-GmbH nicht. Die Parteien sind der Auffassung, dass eine Zusammenführung der Aktivitäten der beiden Unternehmen und die Zusammenlegung des jeweiligen Know-hows die Marktposition der Unternehmen stärken und erhebliche Synergieeffekte nach sich ziehen kann. Die Parteien beabsichtigen daher, die Tochter-GmbH im Wege der Verschmelzung durch Aufnahme auf die Mutter-AG zu verschmelzen. In Anbetracht der vorstehenden Ausführungen vereinbaren die Parteien was folgt:

§ 1 Vermögensübertragung

(1) Die Tochter-GmbH überträgt ihr Vermögen als Ganzes mit allen Rechten und Pflichten unter Auflösung ohne Abwicklung gemäß §§ 2 Nr. 1, 46 ff. UmwG auf die Mutter-AG.

(2) Die Vermögensübertragung nach § 1 Abs. 1 erfolgt im Innenverhältnis mit Wirkung zum 1. Januar 2013, 0:00 Uhr (nachfolgend „Verschmelzungsstichtag"). Vom Verschmelzungsstichtag an gelten alle Handlungen der Tochter-GmbH als für Rechnung der Mutter-AG vorgenommen.

(3) Der Verschmelzung wird die mit uneingeschränktem Bestätigungsvermerk der Prüf-Mich AG Wirtschaftsprüfungsgesellschaft, München, versehene Bilanz der Tochter-GmbH zum 31. Dezember 2012 als Schlussbilanz zugrunde gelegt.

(4) Für den Fall, dass die Verschmelzung nicht bis zum 31. Dezember 2013 in das Handelsregister der Mutter-AG eingetragen worden ist, verschieben sich Bilanz- und Verschmelzungsstichtag jeweils um ein Jahr.

§ 2 Gegenleistung

Da die Mutter-AG die alleinige Gesellschafterin der Tochter-GmbH ist, erfolgt die Verschmelzung ohne Gegenleistung. Die Angaben über den Umtausch der Anteile nach § 5 Abs. 1 Nr. 2-5 UmwG sind gemäß § 5 Abs. 2 UmwG nicht erforderlich.

§ 3 Sonderrechte

Besondere Rechte nach § 5 Abs. 1 Nr. 7 UmwG oder besondere Vorteile nach § 5 Abs. 1 Nr. 8 UmwG werden weder den Parteien noch anderen Personen gewährt.

§ 4 Folgen der Verschmelzung für die Arbeitnehmer und ihre Vertretungen

(1) Die Mutter-AG wird mit Wirksamwerden der Verschmelzung neuer Arbeitgeber der zu diesem Zeitpunkt bei der Tochter-GmbH beschäftigten Arbeitnehmer. Die Verschmelzung führt gemäß § 324 UmwG in Verbindung mit § 613a Abs. 1-5, 4 u. 6 BGB individualarbeitsrechtlich zu keinen Veränderungen für die Arbeitnehmer der Tochter-GmbH und der Mutter-AG.
(2) Die Verschmelzung führt zu keinen Veränderungen der betrieblichen Struktur und der betrieblichen Organisation. Betriebsverfassungsrechtliche Konsequenzen ergeben sich nicht. Die bei der Tochter-GmbH geltenden Betriebsvereinbarungen gelten als kollektivrechtliche Regelungen fort.
(3) Die Mutter-AG unterliegt der gleichen tariflichen Bindung wie die Tochter-GmbH.
(4) Weder bei der Tochter-GmbH noch bei der Mutter-AG besteht ein Betriebsrat. Eine Zuleitung des Vertrags war somit nicht erforderlich.
(5) Mitbestimmungsrechtliche Änderungen ergeben sich nicht, da die maßgeblichen Schwellenwerte des § 1 DrittelbG nicht erreicht werden. Auch nach der Verschmelzung wird die Zahl der Arbeitnehmer der Mutter-AG einschließlich der von der Tochter-GmbH übergehenden Arbeitnehmer nicht mehr als 500 betragen.

§ 5 Sonstiges

(1) Die Firma der Mutter-AG wird unverändert fortgeführt.
(2) Die Tochter-GmbH hat keinen Grundbesitz und ist ihrerseits nicht Gesellschafterin einer GmbH.
(3) Die mit der Durchführung des Verschmelzungsvertrags verbundenen Kosten trägt die Mutter-AG.
(4) Änderungen und Ergänzungen dieses Vertrags bedürfen der Schriftform. Dies gilt auch für diese Schriftformklausel.
(5) Sollte eine Bestimmung dieses Vertrags vollständig oder teilweise nichtig, unwirksam oder undurchführbar sein oder werden, berührt dies die Gültigkeit der übrigen Vertragsbestimmungen nicht. Anstelle der nichtigen, unwirksamen oder undurchführbaren Bestimmung soll eine Bestimmung in Kraft treten, die dem am nächsten kommt, was die Parteien nach dem Sinn und Zweck dieses Vertrags gewollt hätten, hätten sie dies im Lichte der Nichtigkeit, Unwirksamkeit oder Undurchführbarkeit bedacht.

Ort, Datum: _____ Ort, Datum: _____

_____ _____
Mutter-AG **Tochter-GmbH**
vertreten durch den Vorstand vertreten durch den Geschäftsführer

Lösungshinweise

Zu Kapitel 2

Zu Frage 1: Das Konzernrecht will einen Ausgleich zwischen den Interessen der einzelnen, abhängigen Gesellschaft, ihrer Gesellschafter und Gläubiger sowie dem Konzerninteresse, welches durch das herrschende Unternehmen verfolgt wird, schaffen. Es schützt damit einerseits die Interessen der abhängigen Gesellschaft vor einer negativen Einflussnahme und dient andererseits der Durchsetzung der Konzerninteressen auch auf Ebene der abhängigen Gesellschaft.

Zu Frage 2: Die zentralen Elemente eines Unterordnungskonzerns im Sinne von § 18 Abs. 1 AktG sind das Vorliegen eines Unternehmens (§ 15 AktG), welches von einem anderen abhängig (§§ 16, 17 AktG) ist und dessen einheitlicher Leitung (§ 18 Abs. 1 AktG) untersteht.

Zu Frage 3: Wann eine einheitliche Leitungsmacht vorliegt, ist umstritten. Entweder wird eine einheitliche Planung, Durchführung und Kontrolle in einem zentralen Unternehmensbereich wie dem Personalwesen oder dem Einkauf (weiter Konzernbegriff) oder bei allen zentralen unternehmerischen Bereichen (enger Konzernbegriff) gefordert. Nach beiden Ansichten ausreichend ist jedenfalls eine einheitliche Koordination des Finanzwesens. Aufgrund der Vermutungen des § 18 Abs. 1 AktG ist der Streit jedoch nicht praxisrelevant: Bei Bestehen eines Beherrschungsvertrags oder einer Eingliederung wird das Vorliegen eines Konzerns ohnehin unwiderleglich vermutet. Sofern ein abhängiges Unternehmen vorliegt (dessen Abhängigkeit bei einer Mehrheitsbeteiligung ebenso vermutet wird, § 17 Abs. 2 AktG), wird darüber hinaus das Bestehen eines Konzerns gemäß § 18 Abs. 1 S. 3 AktG widerleglich vermutet.

Zu Frage 4: Bei einem Vertragskonzern wird der Konzern durch einen Beherrschungsvertrag gemäß § 291 Abs. 1 S. 1 Alt. 1 AktG begründet. Im Rahmen eines faktischen Konzerns wird eine einheitliche Leitungsmacht hingegen nicht auf einer vertraglichen Grundlage ausgeübt, sondern kraft tatsächlicher Verhältnisse. Praktisch am häufigsten liegt ein faktischer Konzern vor bei einer Mehrheitsbeteiligung.

Zu Frage 5: Früher wurde zur Bestimmung der anwendbaren Rechtsordnung abgestellt auf den jeweils aktuellen Sitz der Gesellschaft, an welchem tatsächlich die entscheidende Willensbildung stattfindet (Sitztheorie). Zwischenzeitlich hat sich als Ausfluss der Niederlassungsfreiheit (Artt. 49, 54 AEUV) jedoch eine Sichtweise durchgesetzt, wonach immer das Recht desjenigen Staates Anwendung findet, in dem die Gesellschaft gegründet wurde (Gründungstheorie).

Zu Kapitel 3

Zu Frage 1: Außenstehende Gesellschafter können wählen, ob sie im Konzern bleiben und künftig eine Ausgleichszahlung – anstelle der Dividende – erhalten oder ausscheiden und eine entsprechende Abfindung erhalten wollen (§ 304 bzw. § 305 AktG). Die Ausgleichszahlung muss Bestandteil des Beherrschungsvertrags sein.

Zu Frage 2: Die abhängige Gesellschaft wird zum einen durch Schranken für das grundsätzlich umfassende Weisungsrecht geschützt. So darf das herrschende Unternehmen insbesondere keine für die abhängige Gesellschaft nachteiligen Weisungen erteilen, wenn diese nicht dem Konzerninteresse dienen (§ 308 Abs. 1 S. 1 AktG). Auch ist eine Weisung unzulässig, die etwa auf Änderung oder Beendigung des Beherrschungsvertrags gerichtet ist. Neben diesen Grenzen für das Weisungsrecht wird die abhängige Gesellschaft vor allem durch die umfassende Verlustübernahmepflicht (§§ 302, 303 AktG) des herrschenden Unternehmens in ihrem Bestand geschützt.

Zu Frage 3: Die Hauptversammlung der abhängigen Gesellschaft muss dem Abschluss des Beherrschungsvertrags mit einfacher Stimmenmehrheit (§§ 133 Abs. 1, 278 Abs. 3 AktG) bei einer ¾-Kapitalmehrheit des vertretenen Grundkapitals (§§ 293 Abs. 1 S. 2, 278 Abs. 3 AktG) zustimmen. Wenn die abhängige Gesellschaft eine Kommanditgesellschaft auf Aktien ist, muss auch deren persönlich haftender Gesellschafter zustimmen (§ 285 Abs. 2 S. 1 AktG). Auch die Gesellschafterversammlung des herrschenden Unternehmens muss dem Abschluss des Beherrschungsvertrags zustimmen (§ 293 Abs. 2 AktG), da dieser insbesondere eine unbeschränkte Verlustausgleichspflicht nach § 302 AktG nach sich zieht.

Zu Frage 4: Nach der Lehre von der fehlerhaften Gesellschaft sind aus Gründen des Gläubigerschutzes und um Schwierigkeiten bei der Rückabwicklung zu vermeiden, bereits vollzogene, aber fehlerhafte Beherrschungsverträge grundsätzlich nur ex nunc nichtig. Eine Rückabwicklung findet insoweit nicht statt. Ein derart fehlerhafter Beherrschungsvertrag kann jedoch durch einseitige Erklärung mit Wirkung für die Zukunft beendet werden.

Zu Kapitel 4

Zu Frage 1: Im Rahmen eines Beherrschungsvertrags erhält das herrschende Unternehmen im Gegensatz zum Gewinnabführungsvertrag ein Weisungsrecht (§ 308 AktG). Der Gewinnabführungsvertrag hingegen führt dazu, dass die verpflichtete Gesellschaft zwar ihren gesamten Gewinn an das berechtigte Unternehmen abzuführen hat, jedoch keinem Weisungsrecht untersteht. Gleichwohl werden beide Verträge in der Praxis oftmals miteinander kombiniert.

Zu Frage 2: Der Gewinnabführungsvertrag ist notwendige Voraussetzung für die Begründung einer ertragsteuerlichen Organschaft gemäß §§ 14, 17 KStG, welche zur steuerlichen Gestaltung im Rahmen eines Konzernverbunds genutzt wird.

Zu Frage 3: Der Gewinnabführungsvertrag begründet kein Weisungsrecht gegenüber dem verpflichteten Unternehmen. Somit entsteht auch keine Abhängigkeit im Sinne der §§ 17, 18 AktG, so dass durch den Abschluss eines isolierten Gewinnabführungsvertrags kein Konzern begründet wird.

Zu Kapitel 5

Zu Frage 1: Bei sämtlichen Unternehmensverträgen (§§ 291, 292 AktG) hat die Hauptversammlung der abhängigen/verpflichteten Gesellschaft dem Vertragsschluss zuzustimmen (§ 293 Abs. 1 AktG). Nur bei Beherrschungs- und Gewinnabführungsverträgen ist darüber hinaus auch die Zustimmung der Hauptversammlung des herrschenden/berechtigen Unternehmens notwendig (§ 293 Abs. 2 AktG).

Zu Frage 2: Verträge des § 292 AktG sind als Verträge konzipiert, die ein ausgeglichenes Verhältnis von Haupt- und Gegenleistung haben, während Verträge nach § 291 AktG gerade keine direkte Gegenleistung des herrschenden/berechtigen Unternehmens voraussetzen.

Zu Frage 3: Ein normaler Pachtvertrag im Sinne von § 581 BGB liegt vor, wenn lediglich ein Teil des Unternehmens überlassen wird. Wenn die Nutzung unentgeltlich erfolgt, liegt dagegen ein Betriebsüberlassungsvertrag gemäß § 292 Abs. 1 Nr. 3 Alt. 2 AktG vor. Nur dann, wenn das gesamte Unternehmen entgeltlich überlassen wird, liegt ein Betriebspachtvertrag gemäß § 292 Abs. 1 Nr. 3 Alt. 1 AktG in Verbindung mit § 581 BGB vor.

Zu Frage 4: Die Rechtsfolgen eines unangemessenen Pachtzinses unterscheiden sich von denen der restlichen Verträge des § 292 Abs. 1 AktG. Aufgrund der Sonderregel des § 292 Abs. 3 S. 1 AktG ist der Vertrag ausnahmsweise nicht wegen eines Verstoßes gegen §§ 57, 58, 60 AktG nichtig. Das benachteiligte Unternehmen hat jedoch einen Ausgleichsanspruch in Höhe der Unangemessenheit gemäß § 302 Abs. 3 AktG.

Zu Kapitel 6

Zu Frage 1: Ein faktischer Konzern liegt vor, wenn kein Beherrschungsvertrag (§ 291 AktG) vorliegt, jedoch gleichwohl eine herrschendes Unternehmen tatsächlichen Einfluss auf eine abhängige Gesellschaft ausübt. Demnach ist ein faktischer Konzern gegeben, wenn (1) eine Aktiengesellschaft oder eine Kommanditgesellschaft auf Aktien (2) von einem anderen Unternehmen (3) abhängig (§ 17 AktG) ist, (4) ohne dass ein Beherrschungsvertrag (§ 291 AktG) besteht oder eine Eingliederung (§ 323 Abs. 1 S. 3 AktG) durchgeführt wurde.

Zu Frage 2: Gäbe es die §§ 311 ff. AktG nicht, wären abhängige Gesellschaften nur dann vor den negativen Folgen einer Einflussnahme durch ein herrschendes Unternehmen geschützt, wenn ein Beherrschungsvertrag geschlossen worden wäre. Daher besteht eine Pflicht zum Ausgleich von erlittenen Nachteilen nach §§ 311, 317 AktG für Fälle, in denen gerade kein solcher Beherrschungsvertrag geschlossen wurde.

Zu Frage 3: Das herrschende Unternehmen ist im Falle einer nachteiligen Einflussnahme verpflichtet, spätestens zum Ende des Geschäftsjahres, in dem der Nachteil entstanden ist, diesen gegenüber der abhängigen Gesellschaft vollständig wieder auszugleichen (§ 311 Abs. 2 AktG). Sofern es dieser Pflicht nicht nachkommt, besteht ein

Schadensersatzanspruch gegen das herrschende Unternehmen und dessen gesetzliche Vertreter (§ 317 AktG).

Zu Frage 4: Grundsätzlich hat ein Einzelausgleich für nachteilige Einflussnahmen gemäß §§ 311, 317 AktG zu erfolgen. Sofern jedoch eine Einflussnahme vorliegt, die dauerhaft nachteilig für die abhängige Gesellschaft ist, versagt dieses Konzept, da die Identifizierung einer konkreten Einzelmaßnahme, für die ein Ausgleich geschuldet ist, nicht mehr möglich ist. Daher werden in diesen Fällen zum Schutz der abhängigen Gesellschaft von der Rechtsprechung die Regeln über Verlustausgleich im Vertragskonzern (§§ 302, 303 AktG) im Wege einer Analogie auch auf den (qualifiziert) faktischen Konzern angewandt.

Zu Kapitel 7

Zu Frage 1: Bei einer Verschmelzung erlischt der übertragende Rechtsträger ohne weiteres (vgl. § 20 Abs. 1 Nr. 2 UmwG). Eine Eingliederung hingegen lässt die juristische Person des eingegliederten Unternehmens bestehen, diese verliert die vermögensrechtliche Selbständigkeit jedoch dadurch, dass ihre wirtschaftliche Lenkung auf die Hauptgesellschaft übertragen wird.

Zu Frage 2: Minderheitsaktionäre existieren lediglich bei einer Eingliederung nach § 320 AktG. Durch die Vornahme der Eingliederung scheiden diese aus der eingegliederten Gesellschaft auf. Als Ausgleich erhalten sie einen Anspruch auf eine Abfindung gegenüber der Hauptgesellschaft (§ 320b Abs. 1 S. 3 AktG). Diese Abfindung kann in Form von Aktien der Hauptgesellschaft oder durch eine Barzahlung erbracht werden.

Zu Kapitel 8

Zu Frage 1: Neben dem Aktiengesetz (§ 327a AktG) sieht das Wertpapierübernahmegesetz (§§ 39a ff. WpÜG) sowie das Umwandlungsgesetz (§ 62 Abs. 5 UmwG) ein Verfahren zum Squeeze-Out vor. Letzteres verweist auf § 327a AktG, welcher unter der Maßgabe Anwendung findet, dass ein Squeeze-Out bereits bei einer Beteiligungsquote ab 90% vorgenommen werden kann.

Zu Frage 2: Der Verlust ihrer Anteile an der Gesellschaft und damit die Einbuße an der grundrechtlich geschützten Eigentumsposition wird kompensiert durch einen Anspruch auf Abfindung gegenüber dem Mehrheitsgesellschafter (vgl. § 327a Abs. 1 AktG, § 39a Abs. 1 WpÜG).

Zu Kapitel 9

Zu Frage 1: Der Vorstand einer Aktiengesellschaft leitet die Geschäfte der Gesellschaft in eigener Verantwortung und unterliegt grundsätzlich keinem Weisungsrecht der Hauptversammlung (vgl. § 76 AktG). Die Gesellschafterversammlung einer Gesellschaft mit beschränkter Haftung hingegen ist gegenüber der Geschäftsführung kraft Gesetzes weisungsbefugt, ohne dass es hierzu eines gesonderten Vertrags bedürfte (vgl. §§ 45, 46 GmbHG).

Zu Frage 2: Das Weisungsrecht der Gesellschafterversammlung deckt zum einen dauerhafte nachteilige Weisungen gegenüber der Geschäftsführung nicht ab. Zum anderen kann durch einen Beherrschungsvertrag ein Weisungsrecht erlangt werden, welches im Konfliktfalle das weiterhin bestehende Weisungsrecht der Gesellschafterversammlung verdrängt. Somit ist eine praktikable Weisungserteilung möglich, die vorrangig einem Konzerninteresse dient und sich nicht am Interesse der abhängigen Gesellschaft mit beschränkter Haftung zu orientieren hat.

Zu Frage 3: Die Geschäftsführer sind berechtigt, die Gesellschaft mit beschränkter Haftung im Zusammenhang mit reinen Geschäftsführungsmaßnahmen zu vertreten (§§ 35, 37 GmbHG). Sobald jedoch gesellschaftsrechtliche Organisationsakte – wie etwa der Abschluss oder die Beendigung eines Beherrschungsvertrags – vorgenommen werden sollen, bedürfen diese für ihre Wirksamkeit eines entsprechenden Beschlusses der Gesellschafterversammlung. Der Grund für dieses Beschlusserfordernis ist, dass etwa durch eine Änderung des Gesellschaftszwecks (hin zur Orientierung am Konzerninteresse) ein tiefer Eingriff in die Struktur einer Gesellschaft und damit in die Mitwirkungs- und Gestaltungsrechte ihrer Gesellschafter vorgenommen wird.

Zu Frage 4: Während im aktienrechtlichen Konzern im Falle eines qualifiziert faktischen Konzerns eine Ausgleichspflicht analog §§ 302, 303 AktG besteht, wurde diese Rechtsfigur für den GmbH-Konzern aufgegeben. Stattdessen bestimmt sich die Haftung der Gesellschafter gegenüber der Gesellschaft mit beschränkter Haftung nach den Grundsätzen über den existenzvernichtenden Eingriff (§ 826 BGB).

Zu Kapitel 10

Zu Frage 1: § 17 Abs. 2 AktG begründet eine Abhängigkeitsvermutung für Gesellschaften, die sich im Mehrheitsbesitz eines Anteilsinhabers befinden. Für die meisten Beschlüsse einer Hauptversammlung reicht eine Mehrheit von 50% des Kapitals aus, so dass sich im Ergebnis immer der Mehrheitseigner durchsetzen wird. Personengesellschaften entscheiden jedoch grundsätzlich einstimmig (vgl. etwa § 119 HGB), so dass eine Mehrheitsbeteiligung alleine nicht zu einer Abhängigkeit im Sinne des Aktienrechts führt.

Zu Frage 2: Anders als bei der Aktiengesellschaft werden nicht die „Holzmüller"-Grundsätze herangezogen, die eine ungeschriebene Zuständigkeit der Anteilsinhaber begründen. Diese werden vielmehr durch das Personengesellschaftsrecht geschützt, wodurch umfangreiche Mitwirkungsbefugnisse normiert werden, die sich auch auf Angelegenheiten der abhängigen Gesellschaft beziehen (etwa §§ 666, 713, 716 BGB, §§ 118, 166, 233 HGB)

Zu Frage 3: Dies geht grundsätzlich nicht. Durch die unbeschränkte persönliche Haftung der Gesellschafter der abhängigen Personengesellschaft sowie des umfassenden

Weisungsrechts des herrschenden Unternehmens aus § 308 AktG besteht für diese ein erhebliches Haftungsrisiko. Daher verstoßen Beherrschungsverträge in derlei Konstellationen gegen die guten Sitten und sind gemäß § 138 Abs. 1 BGB nichtig. Sittenwidrigkeit liegt jedoch nicht vor, wenn alle Gesellschafter dem Abschluss eines Beherrschungsvertrags zugestimmt haben.

Frage 4: Im faktischen Konzern wird die Personengesellschaft durch eine umfassende Treuepflicht des herrschenden Unternehmens geschützt. Wenn dieses – oder ihre Gesellschafter (§ 31 BGB analog) oder Erfüllungsgehilfen (§ 278 BGB) die Treuepflicht verletzt, steht der abhängigen Personengesellschaft ein Anspruch auf Schadensersatz zu (§ 280 Abs. 1 BGB). Sofern ein qualifiziert faktischer Konzern vorliegt, versagt hingegen das Konzept eines Einzelausgleichs über § 280 Abs. 1 BGB. In einem solchen Fall trifft das herrschende Unternehmen eine umfassende Pflicht zum Verlustausgleich gemäß § 302 AktG analog.

Zu Kapitel 11

Zu Frage 1: Ein Konzern als solcher ist keine juristische Person, sondern nur die organisatorische Zusammenfassung mindestens zweier Unternehmen. Juristische Personen sind demnach nur die einzelnen Konzerngesellschaften (§ 18 AktG). Daher kann ein Arbeitsvertrag entweder mit zwei Konzerngesellschaften gleichzeitig geschlossen werden, im Arbeitsvertrag die Leistungserbringung für eine Konzerngesellschaft vereinbart werden oder der Arbeitsvertrag mit einer Gesellschaft geschlossen, das Weisungsrecht (§ 106 GewO) jedoch an eine Konzerngesellschaft delegiert werden.

Zu Frage 2: Das Kündigungsschutzgesetz bezieht sich grundsätzlich nur auf den einzelnen Betrieb. Die Frage der Bezugsgröße – Betrieb, Unternehmen, Konzern – ist sowohl relevant für die Anwendbarkeit des Kündigungsschutzgesetzes (§§ 1 Abs. 1, 23 Abs. 1 KSchG) als auch für die Wirksamkeit (betriebsbedingter) Kündigungen. Bei einer konzerndimensionalen Betrachtung wird das Kündigungsschutzgesetz zum einen eher anwendbar sein und zum anderen wird Anzahl zur Verfügung stehender Arbeitsplätze erhöht, welche dem Arbeitnehmer statt einer Kündigung anzubieten sind.

Zu Frage 3: Die Mitbestimmung der Arbeitnehmer und sonstigen Beschäftigten umfasst die wirtschaftliche Mitbestimmung bei der Unternehmensleitung (durch deren Vertreter im Aufsichtsrat) sowie die betriebliche Mitbestimmung. Die betriebliche Mitbestimmung bezeichnet Rechte und Möglichkeiten der Arbeitnehmer – vertreten insbesondere durch den Betriebsrat – auf Entscheidungen des Arbeitgebers Einfluss zu nehmen.

Zu Kapitel 15

Zu Frage 1: Der aus der anglo-amerikanischen Rechtsterminologie stammende Begriff „Compliance" beschreibt die Pflicht, die für das Unternehmen geltenden gesetzlichen Bestimmungen einzuhalten (materielle Compliance) und die Organisations- und

Überwachungspflichten von Management und Überwachungsgremien, um Rechtsverstöße durch Mitarbeiter des Unternehmens vorzubeugen (formelle Compliance).

Zu Frage 2: Eine gesetzliche Definition von Compliance fehlt bislang in Deutschland. Allerdings wird an verschiedenen Stellen im Gesetz auf die Compliance-Pflicht Bezug genommen (z. B. in § 33 Abs. 1 S. 2 Nr. 1 WpHG, § 107 Abs. 3 S. 2 AktG, § 317 Abs. 1 S. 2 HGB, § 25a KWG u. § 130 Abs. 1 OWiG). Der Deutsche Corporate Governance Kodex enthält in Ziffer 4.1.3 eine (unverbindliche) Compliance-Definition.

Zu Frage 3: Eine allgemeinverbindliche ausdrückliche Compliance-Organisationspflicht existiert im deutschen Recht nicht. Bereichsspezifisch sind Kreditinstitute (§ 25a Abs. 1 KWG), Wertpapierdienstleistungs- (§ 33 Abs. 1 S. 2 Nr. 1 WpHG) und Versicherungsunternehmen (§ 64a Abs. 1 VAG) verpflichtet, eine angemessene Compliance-Organisation einzuführen und zu unterhalten. Die herrschende Meinung im Gesellschaftsrecht leitet die Verpflichtung zur Einführung eines Compliance-Programms aus §§ 76 Abs. 1, 93 Abs. 1 S. 1 AktG und § 43 Abs. 1 GmbHG her. Außerhalb des Gesellschaftsrechts wird die Compliance-Organisationspflicht auf §§ 9, 130 OWiG gestützt.

Zu Frage 4: Die Compliance-Organisationspflicht gilt grundsätzlich konzernweit. Man muss allerdings zwischen der Einführung (das „Ob") und der Ausgestaltung einer angemessenen Compliance-Organisation (das „Wie") differenzieren. Während die unternehmerische Entscheidung über die Einführung eines Compliance-Programms je nach Art und Umfang der Geschäftstätigkeit, der Größe und Komplexität sowie der Compliance-Historie des Unternehmens zu einer echten Rechtspflicht erstarken kann, bleibt die Ausgestaltung des konkreten Compliance-Management-Systems im Ermessen der Geschäftsleitung.

Zu Kapitel 16

Zu Frage 1: Bei einem umwandlungsrechtlichen Formwechsel wechselt ein Rechtsträger lediglich sein „Rechtskleid"; es findet folglich keinerlei Vermögensübergang statt. Bei allen anderen Maßnahmen hingegen wird Vermögen vom übertragenden auf einen anderen Rechtsträger übertragen.

Zu Frage 2: Es gibt drei Varianten der Spaltung. Bei der Aufspaltung wird das gesamte Vermögen eines Rechtsträgers auf mindestens zwei Rechtsträger übertragen; der übertragende Rechtsträger erlischt. Bei der Abspaltung wird lediglich ein Teil des Vermögens auf einen weiteren Rechtsträger übertragen. Bei der Ausgliederung wird hingegen wird auch ein Teil des Vermögens aus einem Rechtsträger herausgelöst, allerdings erhält der übertragende Rechtsträger selbst und kein Dritter die Anteile an dem abgespaltenen Teil.

Zu Frage 3: Es besteht steuerlich die Möglichkeit, in der Schlussbilanz des übertragenden Rechtsträgers die übertragenen Wirtschaftsgüter mit den Buchwerten anzusetzen (§ 3 Abs. 2 UmwStG). Hierdurch wird die Aufdeckung stiller Reserven – und damit deren Besteuerung – vermieden, wodurch eine Umwandlung steuerlich neutral ist.

Zu Kapitel 18

Zu Frage 1: Dies ist nicht möglich, da § 1 Abs. 1 UmwG ein Analogieverbot statuiert. Hiernach darf von den Vorschriften des Umwandlungsgesetzes nur dann abgewichen, wenn dies ausdrücklich im Gesetz vorgesehen ist.

Zu Frage 2: Eine Verschmelzung erfolgt im Grunde immer in vier Schritten. Diese sehen den Abschluss eines Verschmelzungsvertrages, die Erstellung eines Verschmelzungsberichts und die Durchführung einer Verschmelzungsprüfung, die Fassung entsprechender Zustimmungsbeschlüsse der Anteilsinhaber der beteiligten Rechtsträger sowie die konstitutive Eintragung ins Handelsregister vor.

Zu Frage 3: Die zentrale, weil wirtschaftlich relevanteste, Rechtsfolge der Verschmelzung ist die gemäß § 20 Abs. 1 Nr. 1 UmwG eintretende Gesamtrechtsnachfolge. Hierdurch erwirbt der aufnehmende beziehungsweise neu zu gründende Rechtsträger sämtliche Aktiva und Passiva des übertragenden Rechtsträgers. Es ist dadurch nicht erforderlich, dass sämtliche Vermögensgegenstände einzeln und bestimmbar bezeichnet werden. Diese Rechtsfolge ist systematisch etwa mit der erbrechtlichen Gesamtrechtsnachfolge nach §§ 1922, 1967 BGB vergleichbar.

Zu Kapitel 18

Zu Frage 1: Sowohl bei einer Verschmelzung als auch bei einer Aufspaltung wird das gesamte Vermögen des übertragenden Rechtsträgers übertragen. Bei einer Verschmelzung findet diese Übertragung nur auf einen, bei einer Aufspaltung hingegen auf mindestens zwei Rechtsträger statt.

Zu Frage 2: Bei einer Ausgliederung erhält der übertragende Rechtsträger selbst die Anteile am ausgegliederten Teil und gerade nicht dessen Anteilsinhaber, wie dies bei Auf- und Abspaltung der Fall ist.

Zu Frage 3: Bei der Spaltung ist der sachenrechtliche Bestimmtheitsgrundsatz zu beachten. Werden Vermögensgegenstände nicht oder nicht genau im Spaltungsvertrag bestimmt, sind diese nicht unmittelbarer Teil der Spaltung und werden daher nicht ohne weiteres übertragen. Dies führt bei der Aufspaltung zu Schwierigkeiten, da der übertragende Rechtsträger erlischt und die Vermögensgegenstände somit keinem Rechtssubjekt mehr zugeordnet werden können. Das Schicksal dieser Vermögensgegenstände richtet sich dann nach insbesondere nach § 131 Abs. 3 UmwG, nach dessen Vorgaben diese „vergessenen" Vermögensgegenstände auf die übernehmenden Rechtsträger aufgeteilt werden.

Zu Kapitel 19

Zu Frage 1: Sowohl bei Gebietskörperschaften als auch bei Zusammenschlüssen solcher Körperschaften und bei öffentlich-rechtlichen Versicherungsunternehmen ist eine Gewährung von Anteilen strukturell nicht möglich. Um die Vermögensübertragung einheitlich zu gestalten, wurde eine prinzipiell möglich Anteilsübertragung für die Versicherungs-Aktiengesellschaft ebenfalls ausgeschlossen.

Frage 2: Die Vollübertragung ist der Sache nach eine Verschmelzung durch Aufnahme (§ 2 Nr. 1 UmwG), da der gesamte Bestand an Vermögensgegenständen auf den übernehmenden Rechtsträger übergeht. Die Teilübertragung untergliedert sich in Aufspaltung, Abspaltung und Ausgliederung und ist daher wesensähnlich zur Spaltung (§ 123 UmwG).

Zu Kapitel 20

Zu Frage 1: An einem Formwechsel ist – anders als bei Verschmelzung, Spaltung und Vermögensübertragung – lediglich ein Rechtsträger beteiligt. Daher kann und braucht kein Vertrag für die Durchführung des Formwechsels geschlossen werden.

Zu Frage 2: Die Eintragung des Formwechsels in Handelsregister hat konstitutive Wirkung. Durch die Eintragung wird gemäß § 202 Abs. 1 UmwG die Rechtsform identitätswahrend geändert, die Anteilshaber des formwechselnden Rechtsträgers am Rechtsträger neuer Rechtsform entsprechend beteiligt und etwaige Formmängel des Formwechsels geheilt.

Zu Kapitel 21

Zu Frage 1: Jeder Gesellschafter hat ein Recht auf die Wahrung seiner Interessen. Diese kann er im Wege aktienrechtlicher Klagen gegen Beschlüsse der Hauptversammlung geltend machen. Diese Klagen hindern mitunter jedoch die Eintragung einer Strukturmaßnahme können damit die unternehmerische Tätigkeit der betroffenen Gesellschaft und deren Gesellschaftern, welche die Strukturmaßnahme beschlossen haben, lähmen. Dadurch sind Minderheitsgesellschafter in einer unverhältnismäßigen starken Position, da sie durch Klageerhebung de facto jede wesentliche Veränderung der Gesellschaft blockieren können.

Zu Frage 2: Eine Registersperre verhindert die (konstitutive) Eintragung einer Struktur-Maßnahme in das Handelsregister und damit die Wirksamkeit dieser Maßnahme.

Zu Frage 3: Bei einem aktienrechtlichen Squeeze-Out darf eine Eintragung grundsätzlich erst vorgenommen werden, wenn eine Negativerklärung der Vertretungsorgane vorliegt (§§ 327e Abs. 2, 319 Abs. 5 S. 1 AktG). Solange diese fehlt und kein Verzicht oder Freigabebeschluss vorliegt, wird das Registergericht nicht tätig. Bei der Eintragung von Unternehmensverträgen besteht eine solche rechtliche Registersperre nicht (§ 294 AktG). Gleichwohl ist es üblich, dass das Registergericht die Eintragung gemäß § 381 FamFG aussetzt, wenn eine Klage gegen den Beschluss anhängig ist. Es handelt sich hierbei also um eine faktische Registersperre.

Zu Frage 4: Eine Nichtigkeitsfeststellungsklage hat keinerlei rechtliche Wirkungen auf den Beschluss. Dieser ist nichtig unabhängig von der Klage, welche diese Nichtigkeit lediglich rechtskräftig feststellt, um Rechtssicherheit für die Beteiligten zu schaffen.

Stichwortverzeichnis

Die Zahlen verweisen auf die Randnummern.

Abfindungsanspruch 91 ff.
Abfindungsergänzungsanspruch 93
Abhängigkeit
– Begriff 22
– faktischer Konzern 133
– mittelbare 22 ff., 123
Abhängigkeitsbericht 136, 144 f.
Abschluss von Unternehmensverträgen 71 ff., 105
Abspaltung 271, 324
Änderung von Unternehmensverträgen 75, 105
Anfechtung
– Ausschluss 380 ff.
– Freigabeverfahren 387 ff.
– -sklage 379
Anteilsgewährungspflicht 290
Arbeitgeber, Konzern als 205 ff.
Aufspaltung 270, 323
Ausfallhaftung 187 ff.
Ausgleich
– Beherrschungsvertrag 53, 89 f.
– Mängel 381 ff.
– Spruchverfahren 376
– und Abfindung 88 ff.
– Zweck 89
Ausgliederung 272, 325

Beendigung von Unternehmensverträgen 76 ff., 105
Beherrschungsvertrag im Aktienrecht 50 ff.
Beherrschungsvertrag im GmbH-Recht 55, 169 ff.
Beschlusskontrolle, materielle 72, 383
Betriebsrat
– Europäischer 218 f.
– Konzern 217
Betriebsführungsvertrag 129
Betriebspachtvertrag 125 ff.
Betriebsüberlassungsvertrag 128

Cash-Pool
– Kapitalaufbringung 247 ff.
– Kapitalerhaltung 250 ff.
– physischer 244
– virtueller 245

Compliance 253 ff.
Compliance-Management-System 257
Corporate-Governance-Kodex 255

downstream-merger 281
Durchgriffshaftung 190, 198
Dividendenprivileg 228

Einkommenssteuer 222
Eingliederung 149 ff.
Einheitstheorie 237
Eintragung von Unternehmensverträgen 74, 105
Ergebnisabführungsvertrag 104
Europäische Aktiengesellschaft
  siehe SE
Existenzvernichtungshaftung
– Ausfallhaftung 187 ff.
– existenzvernichtender Eingriff 190
– Haftungsadressaten 186

Faktischer Aktienkonzern 130 ff.
Faktischer GmbH-Konzern 185 ff.
Formwechsel 357 ff.
Formwechselfähige Rechtsträger 358 ff.
Freigabeverfahren 387 ff.

Gelatine-Entscheidung 276
Gemeinschaftsunternehmen 27
Gesamtbetriebsrat 217
Gesamtrechtsnachfolge 263, 305, 334
Geschäftsführungsvertrag 99
Gewerbesteuer 222, 232 ff.
Gewinnabführung, Höchstbetrag 104
Gewinnabführungsvertrag
– Beendigung 105
– Begriff 99
– Erscheinungsformen 111
– Gewinnermittlung 104
– Gläubigerschutz 108
– GmbH 103, 170
– Inhalt 104
– Isolierter 112
– Verlustdeckungszusage 113

Gewinngemeinschaft 116 ff.
14GmbH-Konzernrecht 167 ff.
Grenzüberschreitende Umwandlung 265 f., 308 ff., 345
Grunderwerbsteuer 236
Gründungstheorie 49

Holding 19, 210
Holzmüller-Urteil 194

Identitätsprinzip 357
ITT-Urteil 186

Joint Venture 27
Kartellrecht 3, 261

Konzern
- -begriff 15 ff.
- -finanzierung 242
Körperschaftsteuer 222
Kündigungsschutz
- Berechnungsdurchgriff 210
- Konzerndimensionale Betrachtung 209
Kündigung von Unternehmensverträgen 78, 105

Leitungsmacht des herrschenden Unternehmens 29 ff., 133

Managementvertrag 114, 129
Marks & Spencer-Urteil 230
Mehrheitsbeteiligung 9, 13, 23
Mitteilungspflichten 37, 38 ff.

Nachteil 141 f.
Nachteilsausgleichung 137, 143
Nichtigkeit von Unternehmensverträgen 87, 93
Nichtigkeitsfeststellungsklage 379

Organhaftung im Vertragskonzern 81 ff.
Organisationsvertrag 50, 100
Organschaft
- ertragsteuerliche 86, 109 f.
- gewerbesteuerliche 234

Personengesellschaft 191 ff.
Prüfungsbericht 300, 341

Qualifizierte Nachteilszufügung
- Beweislast 198
- Gläubigerschutz 147
- nachteilige Einflussnahme 138 ff.
- Unmöglichkeit des Einzelausgleichs 147, 186 ff., 202
- Verlustausgleichspflicht 147 f., 188

Rechtsformwechsel 357 ff.
Registersperre 369 ff.
Rücklage, gesetzliche 108, 153
Rückwirkung des Beherrschungsvertrages 57

SE 47
Sonderbeschluss der außenstehenden Aktionäre 75, 77
Sitztheorie 49
Spaltung
- -sbeschluss 342
- -sbericht 341
- -svertrag 332 ff.
Squeeze-Out 157 ff.
- -aktienrechtlich 158 ff.
- -wertpapierrechtlich 162 ff.
- -umwandlungsrechtlich 166
Stollwerck-Urteil 159

Tarifvertrag 216
Teilbeherrschungsvertrag 94
Teilgewinnabführungsvertrag 121
Treuepflicht 186 ff., 198 ff.

Übernahmeangebot 45, 161
Umtauschverhältnis 92, 290, 300, 314, 335
Unternehmensbewertung 159, 290
Unternehmenskonzentration 5 ff.
Unterordnungskonzern 14
upstream-merger 281

Veranlassung 138 ff.
Verdeckte Gewinnausschüttung 9, 120, 153
Verlustausgleich 73, 181, 197 f., 202, 251
Verlustvortrag 104
Vermögensübertragung 346 ff.

Verschmelzung
- -sbericht 300, 302
- -sbeschluss 303
- -sfähige Rechtsträger 283
- -sprüfung 301 f.
- -sstichtag 293
- -svertrag 286 ff.

Wechselseitige Beteiligung 34 ff.
Weisungsrecht
- Adressat 63
- Aufsichtsrat 63
- Begriff 60
- Berechtigter 61 f.
- Konzerninteresse 67
- Organhaftung 69
- Prüfungspflicht des Vorstandes 69
- Schranken 64 ff.
- Übertragung 62

Zinsschranke 229
Zuzahlung 376, 385

Setzen Sie die richtigen Schwerpunkte!

Die Reihen „Schwerpunkte Pflichtfach" und „Schwerpunktbereich"

- systematische Stoffvermittlung mit Tiefgang
- Vorlesungsbegleitung und Vertiefung oder punktuelle Wiederholung vor der Prüfung
- Übungen zur Fallanwendung und zum Prüfungsaufbau anhand von einleitenden Fällen mit Lösungsskizzen

Prof. Dr. Dr. h.c. Ulrich Eisenhardt/
Prof. Dr. Ulrich Wackerbarth
Gesellschaftsrecht I. Recht der Personengesellschaften
Mit Grundzügen des GmbH- und des Aktienrechts
15. Auflage 2011. € 19,95

Prof. Dr. Ulrich Wackerbarth/
Prof. Dr. Dr. h.c. Ulrich Eisenhardt
Gesellschaftsrecht II. Recht der Kapitalgesellschaften
2013. Ca. € 20,95

Dr. Jens Kuhlmann/
Dr. Erik Ahnis
Konzern- und Umwandlungsrecht
3. Auflage 2010. € 28,95

Alle Bände der Reihen und weitere Infos unter:
www.cfmueller-campus.de/schwerpunkte und www.cfmueller-campus.de/schwerpunktbereich

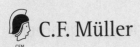 C.F. Müller   Jura auf den ● gebracht

Ihr Schlüssel zum Einstieg!

Die Reihe „Start ins Rechtsgebiet"

- komprimierte Darstellung für schnellen Einstieg
- rasche Orientierung durch graphische Übersichten, Tabellen und Merksätze
- anschaulich durch viele Beispiele

Für den erfolgreichen Einstieg in die komplexe Materie des Gesellschaftsrechts: In zehn Kapiteln werden sämtliche bedeutsamen Gesellschaftsformen mit zahlreichen Beispielen dargestellt, ergänzt durch 48 instruktive Fälle mit vollständigen Lösungen.

Priv. Doz. Dr. Christian Förster
Gesellschaftsrecht
Eine Einführung mit Fällen
2012. € 22,95

Alle Bände der Reihe und weitere Infos unter: **www.cfmueller-campus.de/start**

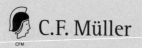